КОРЕЙСКИЙ ЯЗЫК
для начинающих

ИЗУЧАЕМ
Корейский язык

УЧЕБНИК ДЛЯ НАЧИНАЮЩИХ

- ☑ Пошаговое освоение корейского алфавита
- ☑ Освоение навыков чтения, письменной и устной речи
- ☑ Подробное объяснение звуков и произношения
- ☑ Схемы порядка написания букв и советы
- ☑ Обучение через письменные упражнения и тесты

한국어를 배우다 입문서

POLYSCHOLAR

www.polyscholar.com

СОДЕРЖАНИЕ

Совет

В этом учебнике лучше всего писать гелевыми или шариковыми ручками и карандашами.

Используйте маркеры и чернила с осторожностью, так как такие материалы могут отпечататься на следующих страницах. Вы можете проверить пишущие принадлежности на полях ниже:

КАК РАБОТАТЬ С ЭТОЙ КНИГОЙ

Один из самых быстрых способов понимания и освоения любого иностранного языка — это повторение. По мере изучения этого учебника вы найдете на страницах практические секции, а также различные письменные упражнения и небольшой тест в конце каждого раздела.

В книге также представлены усложненные письменные упражнения и полезная лексика для более глубокого понимания корейского алфавита. Ответы на задания можно писать на самих страницах, но также для удобства читателя допускается делать ксерокопии страниц (для личного использования) и работать на них.

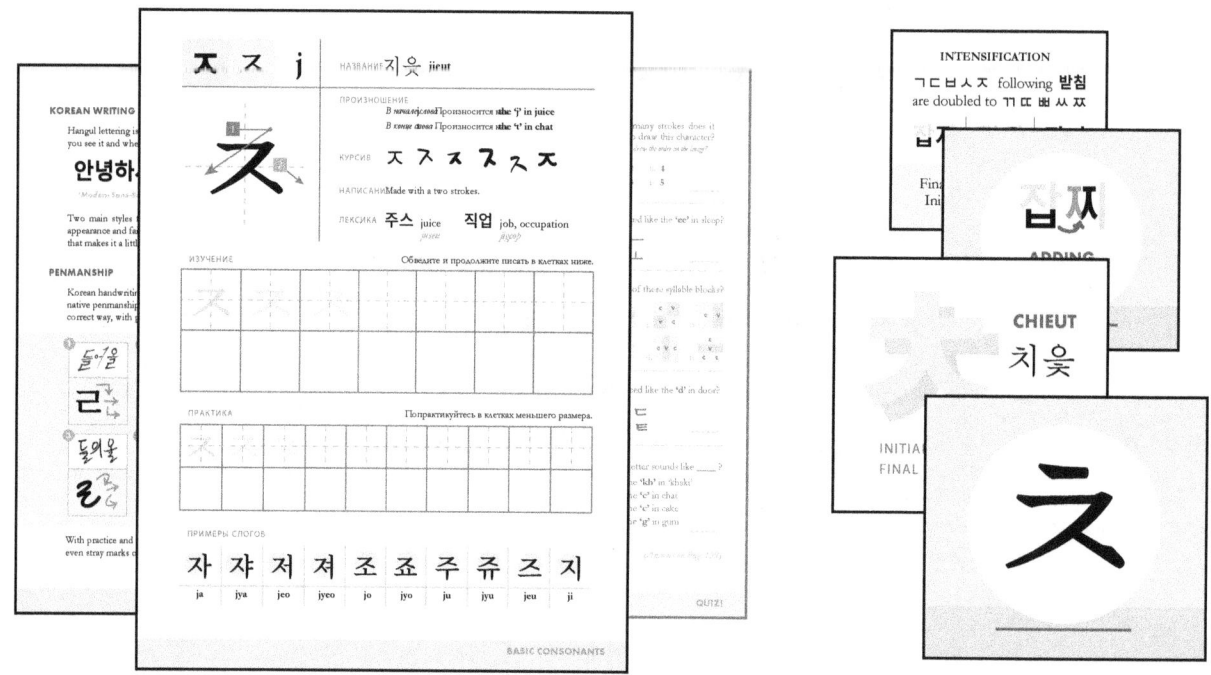

ЗАПОМИНАНИЕ И ПРАКТИКА КОРЕЙСКОГО АЛФАВИТА   **КАРТОЧКИ ДЛЯ ЗАПОМИНАНИЯ**

В учебник были добавлены дополнительные страницы с разметкой, в которых можно практиковаться после того, как вы научились писать символы, слоги и слова. Вы также можете сделать копии страниц и использовать их отдельно.

заключительной части этого учебника содержатся страницы с карточками для запоминания, вы можете сделать ксерокопию или вырезать их прямо из книги. Это отличный способ упростить запоминание символов и проверить свои знания. Ю *ным ученикам нужно обратиться за помощью к родителям, чтобы вырезать карточки!*

ВВЕДЕНИЕ

Научиться читать, писать и говорить по-корейски может показаться невероятно сложной задачей, но мы позаботились о том, чтобы создать учебник, который поможет сделать это проще и быстрее!

Для русскоговорящих учеников первое препятствие в изучении корейского языка — это корейский алфавит, известный как хангыль. Вы, наверняка, уже видели, что он состоит из букв, которые выглядят совершенно непохоже на кириллицу. Получается, нам нужно овладеть языком, который использует совершенно непривычную систему письма!

Но совсем скоро вы убедитесь, что изучить систему корейского языка гораздо проще, чем кажется на первый взгляд. Из этой книги вы узнаете все о корейском алфавите, а к концу научитесь, как читать, писать и говорить по-корейски! Неплохо, правда?

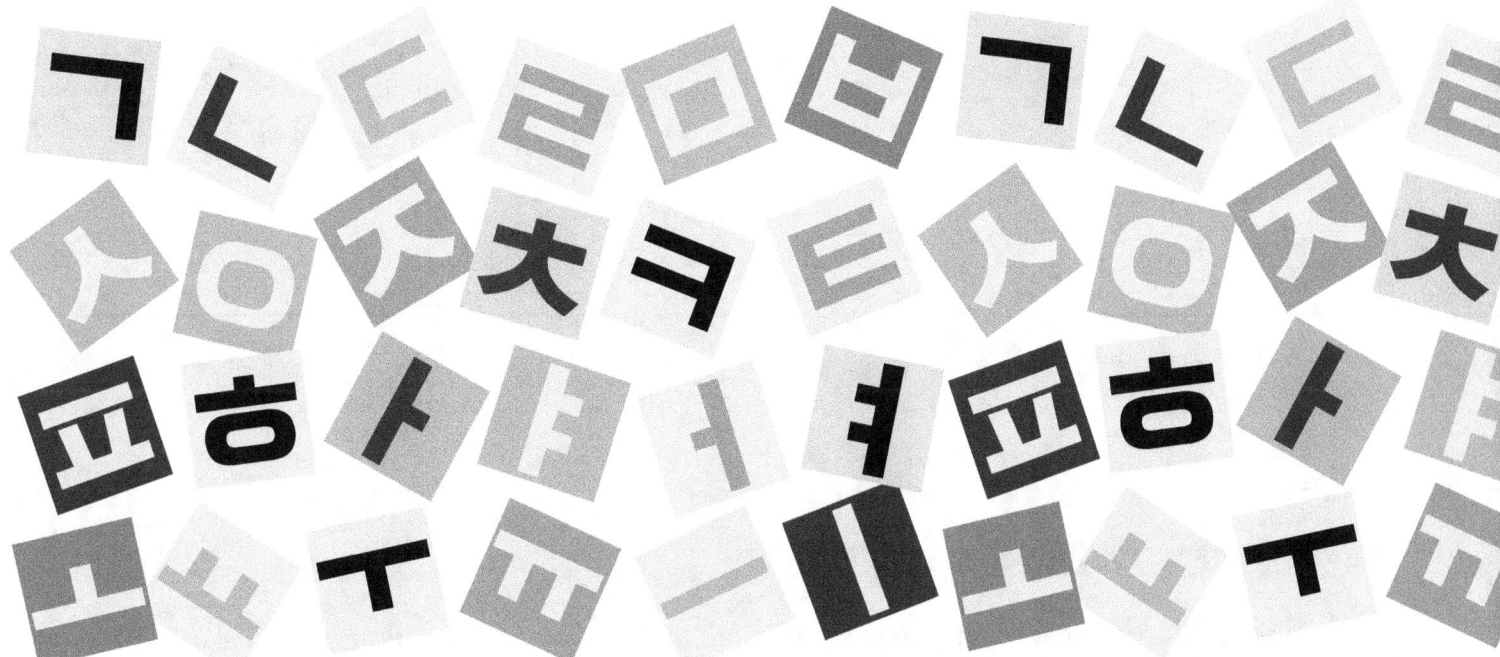

Хангыль — это название алфавита и системы письма, используемой по всей Корее. Это слово состоит из двух корейских слов: «хан» (한) и «гыль» (글), что в буквальном переводе означает «великая письменность». «Хан» также может означать всю Корею, другой перевод — «корейская письменность». Хангыль состоит из **согласных и гласных**, только буквы выглядят по-другому!

(НЕМНОГО) ИСТОРИИ

До середины 1400-х годов корейцы писали, сочетая китайскую и древние, местные системы письма, которые основаны на фонетике. Огромное количество уникальных китайских иероглифов делало язык сложным для запоминания и использования. Для этого требовалось образование, доступное только богатым и представителям высших слоев общества, что означало, что даже базовая грамотность была недоступна для бедных и менее привилегированных низших классов.

Чтобы продвинуть грамотность в широкие массы, король Седжон Великий взял на себя задачу создать новую и уникальную систему письма, которая была бы простой, логичной и легкой для изучения...

...так появился хангыль, который используется по сей день!

ИЗУЧЕНИЕ КОРЕЙСКОГО ЯЗЫКА

Когда вы начинаете изучать корейский язык, может возникнуть соблазн искать слова или фразы для конкретных ситуаций и пытаться запомнить их звучание. В краткосрочной перспективе это может сработать, но рано или поздно вам придется читать и писать, используя оригинальную систему письма. То есть фактически начать всё с нуля. К *сожалению, этого не избежать!*

Поэтому важно начать с освоения корейского алфавита. Если вы начнете с изучения букв алфавита, а не отдельных слов или фраз, вы обнаружите, что можете понимать корейский язык гораздо легче и быстрее!

КОРЕЙСКИЙ АЛФАВИТ — ЭТО ПРОСТО!

В отличие от китайского или японского, где используются тысячи уникальных и сложных иероглифов (кандзи), корейский язык значительно проще:

蔵 儀 遵 帰

Иероглифы передают смысл целых слов или фраз, потому их необходимо запоминать.

한글 (ㅎㅏㄴㄱㅡㄹ)

В корейском языке используется упрощенный алфавит, который гораздо легче выучить — мы читаем, пишем и говорим буква за буквой!

Для написания некоторых повседневных китайских иероглифов кандзи требуется до 15 отдельных штрихов, в то время как менее распространённые символы могут содержать от 20 до 84 штрихов. Хорошая новость для вас заключается в том, что даже самые сложные буквы хангыля пишутся всего через пять штрихов.

ТРАНСЛИТЕРАЦИЯ

В начале изучения иностранного языка символы и слова должны сопровождаться транслитерацией — передачей звуков через привычные символы латиницы или кириллицы. Однако этот метод далек от идеала, так как в родном языке часто не бывает точных эквивалентов для всех звуков. Мы будем работать над тем, чтобы как можно быстрее запомнить хангыль, чтобы вам больше не пришлось полагаться на транслитерацию. *Уверяю вас, все усилия окупятся!*

Стоит отметить, что существует несколько версий транслитерации, каждая из которых использует разные буквы. Не существует идеального способа передачи звуков через латиницу или кириллицу, единственным точным способом передать звуки является сам корейский алфавит.

ПРОИЗНОШЕНИЕ

Изучение правильного произношения в корейском языке начинается с изучения алфавита. Рекомендуется произносить слова и буквы вслух по мере их изучения. Только практика поможет вам развить естественное и похожее на родное звучание, и это требует времени. Мы советуем начать смотреть и слушать корейские телешоу с оригинальными субтитрами, как только вы освоите алфавит.

Примечание: Этот учебник включает в себя введение в произношение, и намного эффективнее использовать его совместно с аудированием. На страницах для практики представлены близкие по звучанию символы латиницы и кириллицы.

НАЧАЛО РАБОТЫ

Корейский алфавит состоит всего из 24 основных букв, сочетания которых создают необходимые символы для написания слов. В алфавите всего лишь **14 основных согласных** и **10 основных гласных букв**. Давайте же приступать к изучению!

ОСНОВНЫЕ СОГЛАСНЫЕ БУКВЫ

Внешний вид основных согласных букв был основан на формах, которые создаются ртом, языком, горлом и губами при их артикуляции и произнесении вслух:

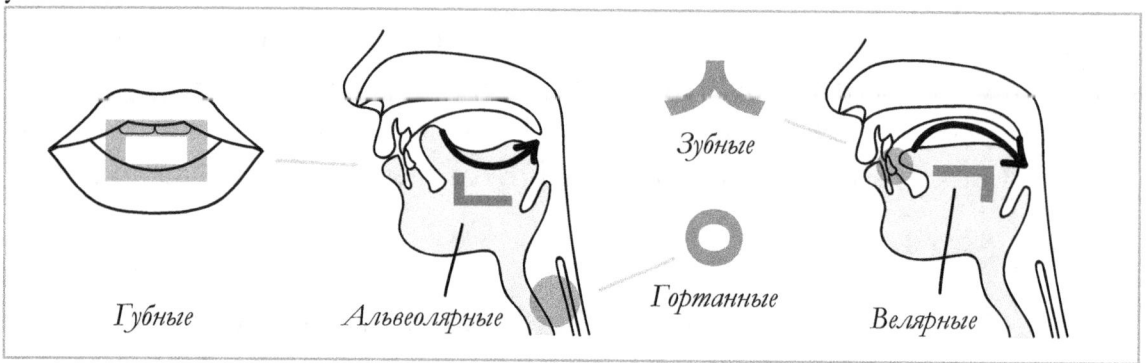

После создания пяти основных согласных букв, остальные были сформированы путем добавления дополнительных линий к существующим. Буквы алфавита часто представлены в определенном порядке, но на данном этапе изучения можете об этом не задумываться. Мы **сгруппируем буквы по форме их написания**, чтобы сделать изучение более **эффективным**:

Хангыль	ㄱ	ㅋ	ㄴ	ㄷ	ㅌ	ㅁ	ㄹ
Транслитерация	g/k	k	n	d/t	t	m	r/l

Хангыль	ㅂ	ㅍ	ㅅ	ㅈ	ㅊ	ㅇ	ㅎ
Транслитерация	b/p	p	s	j/ch	ch	-/ng	h

Примечание: Буквам корейского языка не всегда можно найти точный аналог в русском или английском алфавите.

Некоторые звуки меняются в зависимости от положения в слове.

ОСНОВНЫЕ ГЛАСНЫЕ БУКВЫ

Основные гласные были разработаны с использованием форм, которые олицетворяют Землю (Инь), Небо (Ян) и Человечество (*Человек — посредник между ними*).

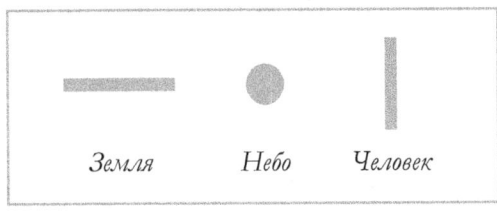

В современном хангыле точка, олицетворяющая небо (изображенная как солнце или звезда), соединилась с другими формами и фактически была заменена короткой линией.

Названия гласных в корейском алфавите соответствуют звукам, которые они передают. Можно заметить, что некоторые гласные имеют более удлиненную, «вертикальную» форму (см. таблицу ниже), а другие символы более плоские и «горизонтальные»:

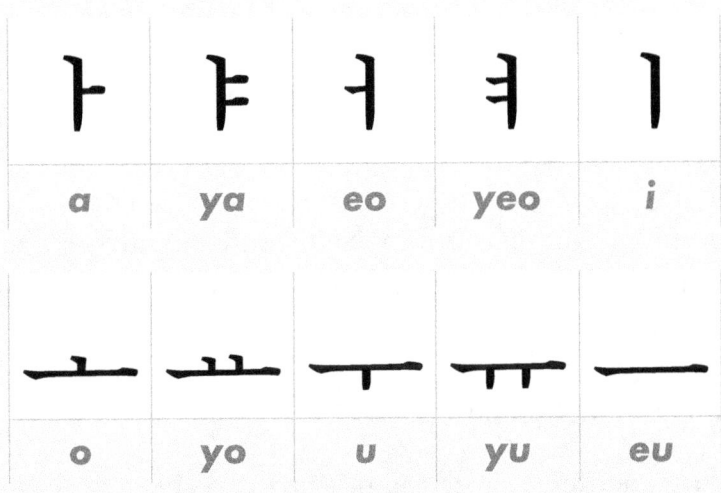

ㅏ	ㅑ	ㅓ	ㅕ	ㅣ
a	ya	eo	yeo	i

«Вертикальные» гласные располагаются справа от согласной, которая им предшествует.

ㅗ	ㅛ	ㅜ	ㅠ	ㅡ
o	yo	u	yu	eu

Гласные из группы «горизонтальных» располагаются под предшествующим согласным.

Гласные и согласные сами по себе не имеют смысла, они всегда находятся в сочетании с другими буквами. Сочетания двух и более букв создают слоги и звуки. Например, буква ㄱ сама по себе не имеет смысла, но если добавить к ней гласную ㅏ получится 가.
(При транслитерации на русский — «га»)

$$ㄱ + ㅏ = 가$$

$$ㅂ + ㅛ = 뵤$$

Самое простое сочетания, 1 согласная + 1 гласная = 1 слог

СТРУКТУРА СЛОГА

При письме корейские буквы объединяются в слоги, которые вписываются в воображаемый квадрат (как в примерах внизу предыдущей страницы). Каждый слог представляет собой звук. Эти блоки слогов строятся с использованием отдельных букв алфавита, которые мы уже встречали. Давайте быстро рассмотрим пример ниже:

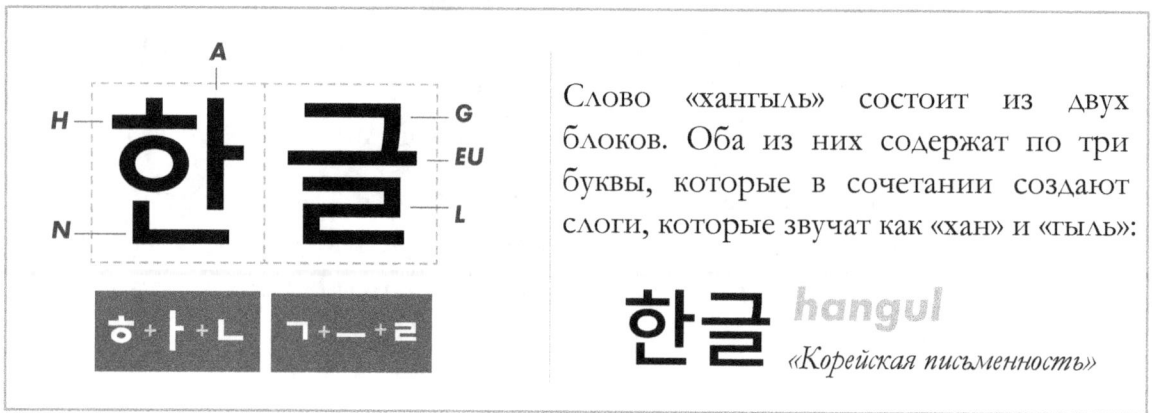

Слово «хангыль» состоит из двух блоков. Оба из них содержат по три буквы, которые в сочетании создают слоги, которые звучат как «хан» и «гыль»:

한글 *hangul*
«Корейская письменность»

НЕСКОЛЬКО ПРОСТЫХ ПРАВИЛ

Изучив все буквы и запомнив всего несколько простых правил их употребления в слоге, вы уже сможете читать и писать на корейском! Звучит чересчур просто, не так ли?

1️⃣ Слог всегда содержит **минимум две буквы**.

2️⃣ Каждый слог **начинается с согласной**, за которой **обязательно следует гласная**.

3️⃣ Каждый слог **пишется в отдельном воображаемом квадрате**.

4️⃣ Буквы сжимаются или растягиваются, чтобы занимать примерно **одинаковое пространство** друг с другом.

В теории существует тысячи возможных слогов, но не волнуйтесь. Вы вряд ли встретите слоги, содержащие более четырех букв, и вы сможете легко прочесть каждый из них, выучив буквы. Точно таким же образом вы научились читать и писать на родном языке, т.е. через изучение алфавита и того, как буквы комбинируются и взаимодействуют для образования слогов и звуков.

СЛОГООБРАЗОВАНИЕ

Конструкция слога определяется формой гласной буквы и количеством букв внутри блока. Помните, что гласные могут иметь **вертикальную** или **горизонтальную** форму? При письме слева направо и сверху вниз, слог начинается с согласной буквы, которая располагается в левой части (рядом с вертикальными гласными) или в верхней части (рядом с горизонтальными согласными).

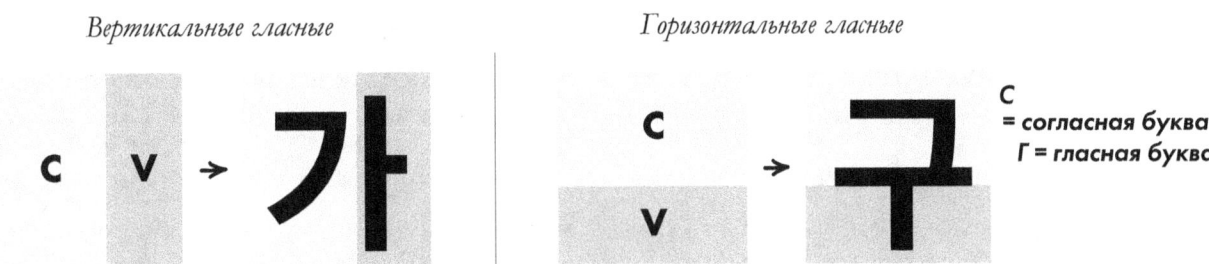

Когда к слогу добавляется третья и четвёртая буква, они размещаются под первыми двумя, слева направо. Вот несколько примеров:

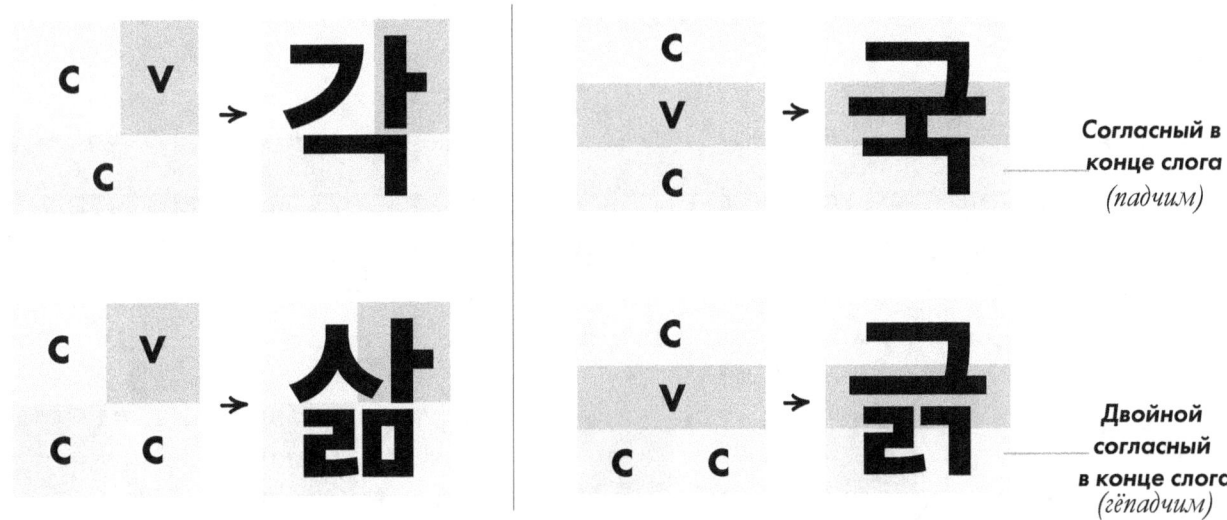

Согласные, стоящие в конце слога, называются падчим 받침. С ними будет проще разобраться уже в процессе изучения, поэтому сейчас на них останавливаться не будем.

받침 (падчим, что буквально означает «поддержка») — это уникальная грамматическая особенность корейского языка, при которой согласные меняют произношение в нижней части слога. Гласные никогда не бывают падчим, поэтому их произношение не изменяется!

ВАЖНОЕ ПРАВИЛО ДЛЯ ГЛАСНЫХ

Мы уже узнали, что каждый слог начинается с согласной и содержит минимум две буквы. Но что делать, если блок начинается с гласного звука? Это довольно часто случается в словах, и для решения этой проблемы существует важное, но простое правило. Из-за того, что ни одна буква не используется по-отдельности, существует правило для гласных:

Слоги с гласным в начальной позиции всегда предваряются «немой» буквой ○ , которая в этом случае не произносится. Запомните это простое правило: гласные никогда не пишутся отдельно!

Пример, демонстрирующий использование этого правило. Слово «крокодил»:

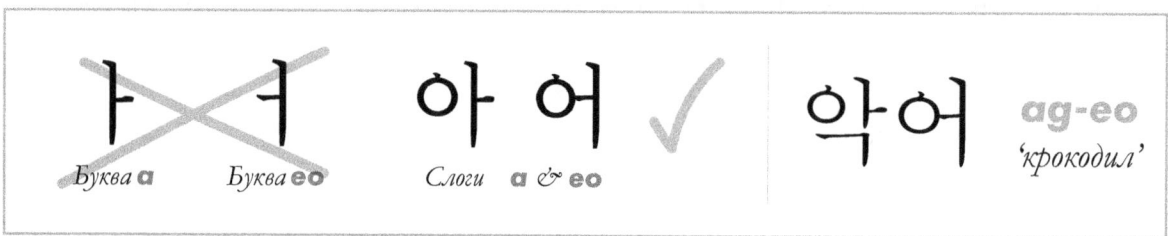

ФОРМЫ БУКВ

Изображение некоторых букв может различаться в зависимости от их расположения в слоге. Самый распространённый пример — буква ㄱ (기역, «киёк»), которая часто растягивается, сжимается и изменяет форму. Ее внешний вид определяется другими буквами в слоге:

Обратите внимание, как изменяется форма окружности

Строгих правил для начертания букв нет, их вид может меняться, в том числе от почерка. Важно лишь помнить количество штрихов, их порядок и сохранять общую форму написания.

Изменения формы происходят вне зависимости от шрифта или стиля письма, например: 기 예 и 기.
Буквы, написание которых также может изменяться:: ㅈ , ㅊ , ㅉ , ㄹ и ㅎ)

ЧТЕНИЕ И ПИСЬМО

Раньше корейские тексты писали текст сверху вниз, как и в других языках Азии, таких как китайский и японский, но сейчас это встречается в основном в старых, традиционных документах. Если вам встретится текст, написанный сверху вниз, скорее всего, это просто дизайнерское решение, подобное тому, как иногда на вывесках размещают текст на западных языках. В наше время большинство корейских текстов пишется слева направо.

Как мы уже узнали при изучении слогов, буквы пишутся по одной, блок за блоком, начиная с верхнего левого угла и двигаясь к нижнему правому. Слова при этом разделяются пробелами.

Получается, что мы читаем слева направо и сверху вниз, переходя от блока к блоку и от слова к слову, мысленно произнося каждую букву. С практикой будет получаться быстрее и легче. Когда вы доходите до конца слога, некоторые звуки естественно сливаются с началом следующих слогов. И вот так вы научились читать и произносить корейский текст!

ПОРЯДОК НАПИСАНИЯ БУКВ

В корейском алфавите существует определенный порядок написания букв и слогов, который легко освоить. Линии всегда пишутся по отдельности, сверху слева вниз направо:

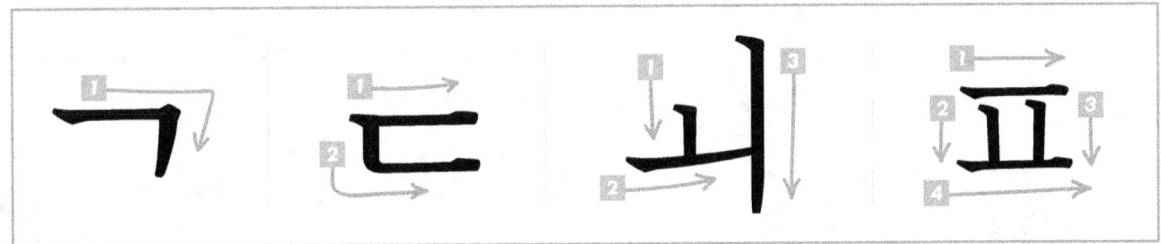

Для того, чтобы написанный текст легко читался, необходимо запомнить правильный порядок написания букв. Без правильного порядка, текст может быть прочитан неправильно. **Поэтому гораздо легче выучить правильный порядок с самого начала, чем исправлять его позже!**

Изначально буквы записывались с помощью кистей и чернил, каждый штрих рисовался вдумчиво, и создавал гармоничные формы и обеспечивая высокую читаемость текста. *Это также был очень практичный способ письма, который помогал избежать размазывания чернил и загрязнения рук!*

ШРИФТЫ И НАПИСАНИЕ

Текст, написанный на корейском, часто выглядит по-разному, в зависимости от того, где он расположен и написан ли вручную, напечатан или отображается на экране электронного устройства.

안녕하세요   안녕하세요

'Современный шрифт без засечек'   *'Традиционный шрифт без засечек'*

В этой книге представлены два основных шрифта: современный «стиль без засечек» — широко распространенный блочный стиль, и более традиционный «стиль с засечками» — буквы написаны будто от руки, что позволяет лучше разглядеть порядок штрихов.

О ПОЧЕРКЕ

Ваш почерк не обязательно должен быть идеальным. Даже у носителей языка редко встречаются идеальные буквы при письме! Если буквы написаны правильно, с соблюдением порядка написания, то большую часть написанного текста легко понять.

Если посмотреть на четыре примера написания от руки слева, можно увидеть, что одна и та же буква ㄹ написана везде по-разному: некоторые слова написаны неаккуратно, но, тем не менее, символы остаются узнаваемыми.

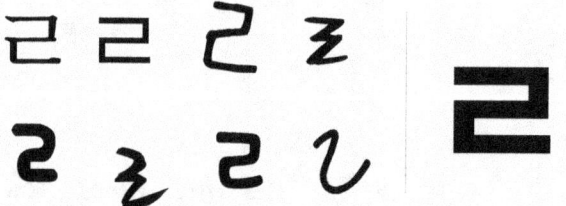

Страницы для практики в этой книге содержат различные стили написания каждой буквы, включая шрифты, имитирующие рукописный текст, которые можно использовать как образец.

С опытом и практикой вы начнете замечать, каким образом были написаны символы, и даже случайные линии помогут вам прочитать текст. Настоящий корейский почерк — *это не всегда идеальные круги и квадраты!*

О ПРОИЗНОШЕНИИ

Новичков часто сбивает с толку то, что некоторые буквы имеют разное произношение. Некоторые буквы хангыля могут отображаться с разными транслитерациями, обычно без объяснений. Такой пример был на странице 8 этого учебника. По мере изучения этой книги вы узнаете больше о корейском произношении, а пока остановимся на основах:

Различные **типы произношения** создают разные звуки для одной и той же буквы. В корейском языке есть несколько типов: **слабые, придыхательные или напряженные:**

> **Придыхательные/непридыхательные** звуки зависят от того, сколько воздуха выталкивается изо рта при произнесении. Придыхательные звуки произносятся с большим усилием, тогда как в непридыхательных этот выдох подавлен. Держите руку перед ртом и скажите: «Стоп». Почувствовали воздух от буквы «п»?

> **Напряженные звуки** — это более взрывные или усиленные версии придыхательных звуков.

> **Глухость и звонкость** слабых звуков зависят от того, активируете ли вы вибрацию в горле, которая влияет на речь. Положите палец на голосовой аппарат и произнесите долгий звук «ссс», затем долгий «ззз». Почувствовали разницу?

Буквы в каждой колонке таблицы ниже произносятся с возрастающей силой и высотой тона. Каждый звук становится более напряженным и высоким по сравнению с предыдущей строкой.

Слабые (Звонкий или глухой)	ㄱ g/k	ㄷ d/t	ㅂ b/p	ㅈ j/ch
Придыхательный	ㅋ k	ㅌ t	ㅍ p	ㅊ ch
Напряженный	ㄲ gg/kk	ㄸ dd/tt	ㅃ bb/pp	ㅉ jj

Некоторые буквы отображаются с несколькими латинскими эквивалентами, так как они произносятся по-разному в зависимости от того, как и где используются. Правописание и форма букв никогда не меняются, только артикуляция.

Одна из проблем, с которой сталкиваются студенты, заключается в том, что транслитерация просто не является точным способом передачи звуков корейского алфавита. Многие согласные звучат слишком похоже друг на друга, что только добавляет сложности. С практикой различия между звуками станут более понятными. После изучения хангыля мы рекомендуем слушать как можно больше корейской речи!

Часть 2

ИЗУЧЕНИЕ ОСНОВНЫХ СИМВОЛОВ АЛФАВИТА

ㄱ ㄱ g

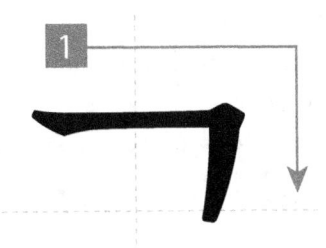

1

НАЗВАНИЕ 기역 **giyeok**

ПРОИЗНОШЕНИЕ

В начале слова - **г (g)** Произносится как **Как «г» в слове «гора»**

В конце слова - **к (k)** Произносится как **Как «к» в слове «замок»**

КУРСИВ ㄱ ㄱ ㄱ ㄱ ㄱ ㄱ

НАПИСАНИЕ Записывается с помощью одной линии.

ЛЕКСИКА 개 собака 가족 семья
            gae   *gajok*

ИЗУЧЕНИЕ

Обведите и продолжите писать в клетках ниже.

ПРАКТИКА

Попрактикуйтесь в клетках меньшего размера.

ПРИМЕРЫ СЛОГОВ

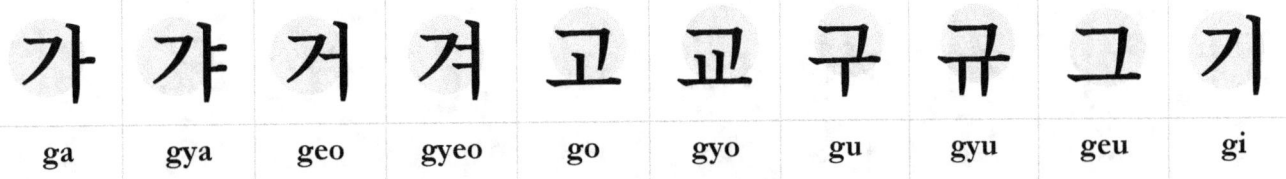

가	갸	거	겨	고	교	구	규	그	기
ga	gya	geo	gyeo	go	gyo	gu	gyu	geu	gi

ㅋ ㅋ k | НАЗВАНИЕ 키읔 **kieuk**

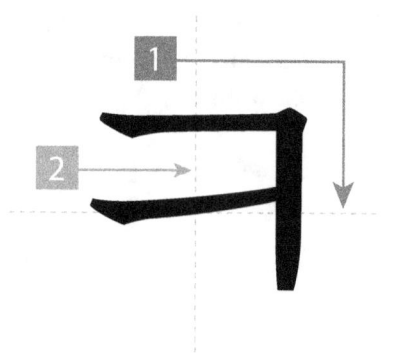

ПРОИЗНОШЕНИЕ

В начале слова - **к (k) придых.** Произносится как

Как «к» в слове «кошка»

В конце слова - **к (k)k** Произносится как

Как «к» в слове «кошка»

КУРСИВ ㅋ ㅋ ㅋ ㅋ ㅋ ㅋ

НАПИСАНИЕ Записывается с помощью двух линий

ЛЕКСИКА 코 нос | 부엌 кухня | 컵 чашка
ko | *bueok* | *keob*

ИЗУЧЕНИЕ | Обведите и продолжите писать в клетках ниже.

ПРАКТИКА | Попрактикуйтесь в клетках меньшего размера.

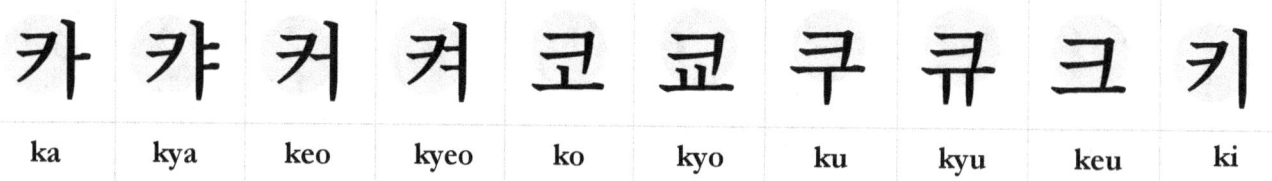

ПРИМЕРЫ СЛОГОВ

카 | 캬 | 커 | 켜 | 코 | 쿄 | 쿠 | 큐 | 크 | 키
ka | kya | keo | kyeo | ko | kyo | ku | kyu | keu | ki

18

ㄴ ㄴ ㄴ n

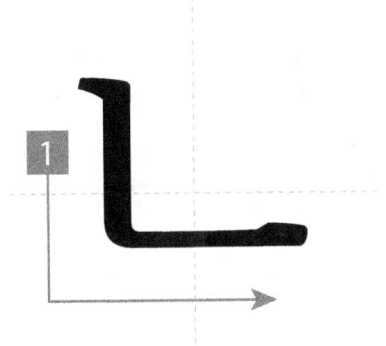

1

ПРОИЗНОШЕНИЕ

В начале слова - **н (n)** Произносится как **Как «н» в слове «нет»**

В конце слова - **н (n)** Произносится как
Как «н» в слове «загон»

КУРСИВ   ㄴ ㄴ ㄴ ㄴ ㄴ ㄴ

НАПИСАНИЕ Записывается с помощью одной линии.

ЛЕКСИКА   안녕 Привет (неформальное)   돈 деньги
annyeong   *don*

ИЗУЧЕНИЕ   Обведите и продолжите писать в клетках ниже.

ПРАКТИКА   Попрактикуйтесь в клетках меньшего размера.

ПРИМЕРЫ СЛОГОВ

나	냐	너	녀	노	뇨	누	뉴	느	니
na	nya	neo	nyeo	no	nyo	nu	nyu	neu	ni

ㄷ ㄷ d

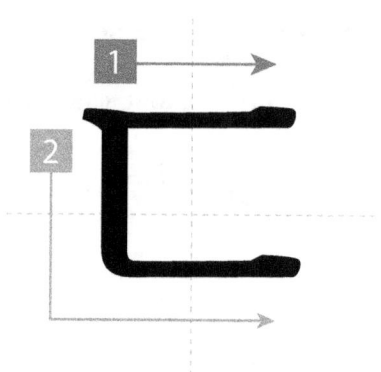

НАЗВАНИЕ 디귿 **digeut**

ПРОИЗНОШЕНИЕ

В начале слова - Д **(d)** Произносится как
Как «д» в слове «дверь»

В конце слова - Т **(t)** Произносится как **Как «т» в слове «кот»**

КУРСИВ ㄷ ㄷ ㄷ ㄷ ㄷ

НАПИСАНИЕ Записывается с помощью двух линий.

ЛЕКСИКА 구두 туфли 바다 Море, океан
kudu *bada*

ИЗУЧЕНИЕ

Обведите и продолжите писать в клетках ниже.

ПРАКТИКА

Попрактикуйтесь в клетках меньшего размера.

ПРИМЕРЫ СЛОГОВ

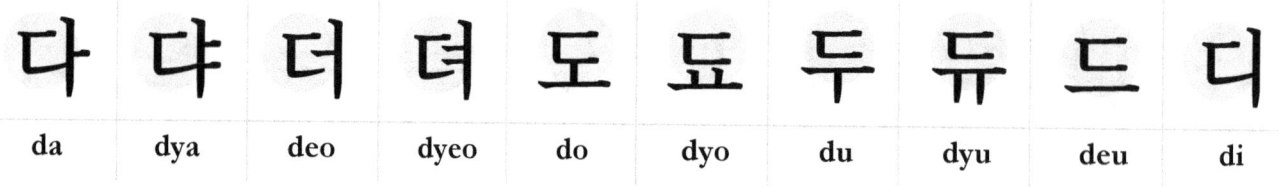

다	야	더	뎌	도	됴	두	듀	드	디
da	dya	deo	dyeo	do	dyo	du	dyu	deu	di

ㅌ ㅌ t

НАЗВАНИЕ 티읕 tieut

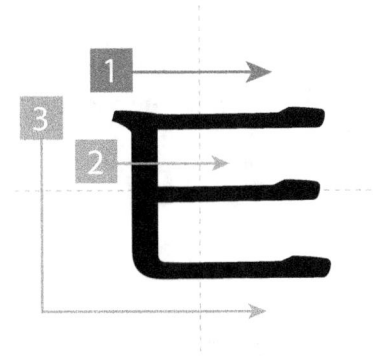

ПРОИЗНОШЕНИЕ

В начале слова - **т (t) придых.** Произносится как

Как «т» в слове «ток»

В конце слова - **Т** Произносится как **Как «т» в слове «рот»**

КУРСИВ ㅌ ㅌ ㅌ ㅌ ㅌ ㅌ

НАПИСАНИЕ Записывается с помощью трех линий.

ЛЕКСИКА 토요일 Суббота *toyoil*   튀김 темпура *twigim*

ИЗУЧЕНИЕ

Обведите и продолжите писать в клетках ниже.

ПРАКТИКА

Попрактикуйтесь в клетках меньшего размера.

ПРИМЕРЫ СЛОГОВ

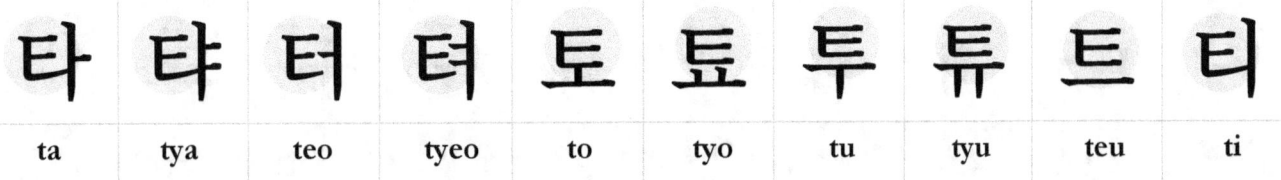

타	탸	터	텨	토	툐	투	튜	트	티
ta	tya	teo	tyeo	to	tyo	tu	tyu	teu	ti

ㄹ ㄹ r/l

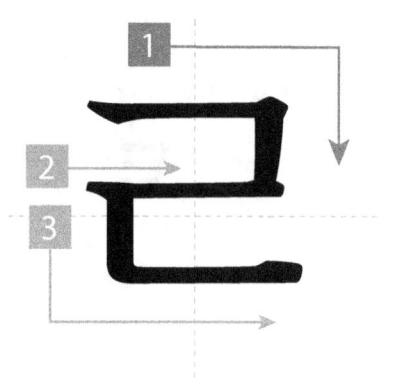

ПРОИЗНОШЕНИЕ

В начале слова - **р (r)** Произносится как

Как «р» в слове «роза»

В конце слова - **л (l)** Произносится как **Как «л» в слове «мел»**

КУРСИВ ㄹ ㄹ ㄹ ㄹ ㄹ ㄹ

НАПИСАНИЕ Записывается с помощью трех линий.

ЛЕКСИКА 라면 выходной   주말 рамен
ramyeon   *jumal*

ИЗУЧЕНИЕ   Обведите и продолжите писать в клетках ниже.

ㄹ	ㄹ	ㄹ			

ПРАКТИКА   Попрактикуйтесь в клетках меньшего размера.

ㄹ	ㄹ								

ПРИМЕРЫ СЛОГОВ

라	랴	러	려	로	료	루	류	르	리
ra	rya	reo	ryeo	ro	ryo	ru	ryu	reu	ri

□ □ m

НАЗВАНИЕ 미음 mieum

ПРОИЗНОШЕНИЕ

В начале слова - **м (m)** Произносится как **Как «м» в слове «мама»**

В конце слова - **м (m)** Произносится как **Как «м» в слове «гром»**

КУРСИВ □ □ ㅁ □ ㄡ □

НАПИСАНИЕ Записывается с помощью трех линий.

ЛЕКСИКА 뭐? что? 아침 Утро, завтрак
mwo *achim*

ИЗУЧЕНИЕ Обведите и продолжите писать в клетках ниже.

ПРАКТИКА Попрактикуйтесь в клетках меньшего размера.

ПРИМЕРЫ СЛОГОВ

마	먀	머	며	모	묘	무	뮤	므	미
ma	mya	meo	myeo	mo	myo	mu	myu	meu	mi

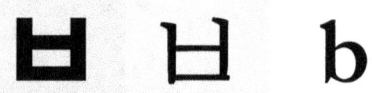 **b**

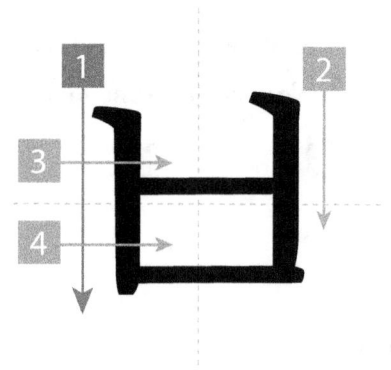

ПРОИЗНОШЕНИЕ

В начале слова - **б (b)** Произносится как **Как «б» в слове «боль»**

В конце слова - **п (p)** Произносится как **Как «п» в слове «папа»**

КУРСИВ ㅂ ㅂ ㅂ ㅂ ㅂ

НАПИСАНИЕ Записывается с помощью четырех прямых линий.

ЛЕКСИКА 비 дождь *bi*   버스 автобус *beoseu*   밥 мышь *bap*

ИЗУЧЕНИЕ   Обведите и продолжите писать в клетках ниже.

ПРАКТИКА   Попрактикуйтесь в клетках меньшего размера.

ПРИМЕРЫ СЛОГОВ

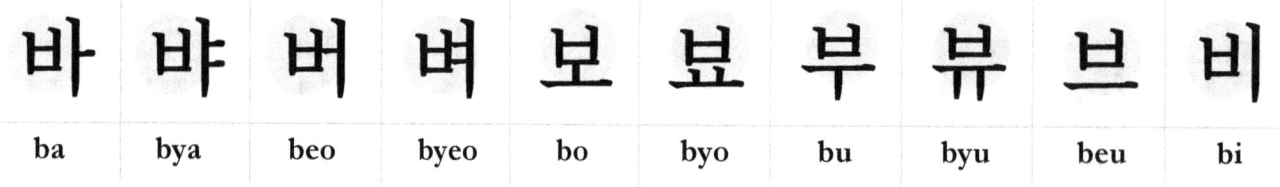

바	뱌	버	벼	보	뵤	부	뷰	브	비
ba	bya	beo	byeo	bo	byo	bu	byu	beu	bi

ㅍ ㅍ p

НАЗВАНИЕ 피읖 pieup

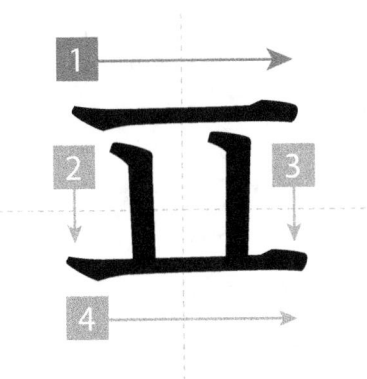

ПРОИЗНОШЕНИЕ

В начале слова - **пх (p) придых** Произносится как
Как «п» в слове «пицца»

В конце слова - **п (p)** Произносится как **Как «п» в слове «окоп»**

КУРСИВ ㅍ ㅍ *ㅍ* **ㅍ** *ㅍ* ㅍ

НАПИСАНИЕ Записывается с помощью четырех линий.

ЛЕКСИКА **파티** вечеринка **피자** пицца **커피** кофе
pati   *pija*   *keopi*

ИЗУЧЕНИЕ

Обведите и продолжите писать в клетках ниже.

ПРАКТИКА

Попрактикуйтесь в клетках меньшего размера.

ПРИМЕРЫ СЛОГОВ

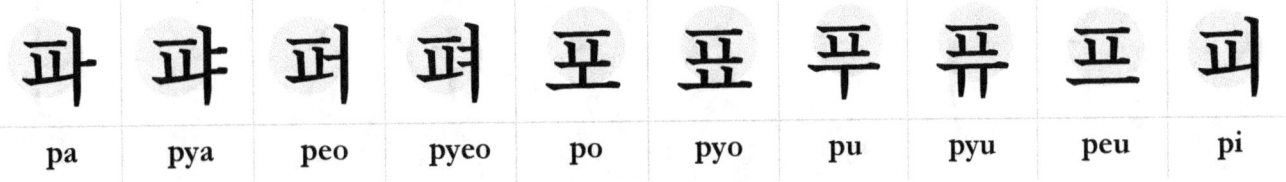

파	퍄	퍼	펴	포	표	푸	퓨	프	피
pa	pya	peo	pyeo	po	pyo	pu	pyu	peu	pi

 **s**

НАЗВАНИЕ 시옷 **siot**

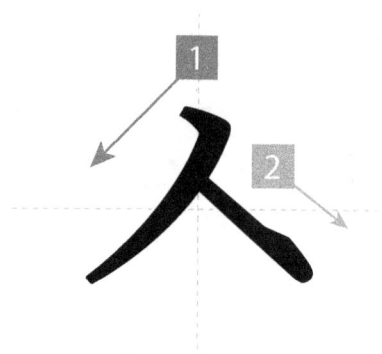

ПРОИЗНОШЕНИЕ

В начале слова - **с (s)** Произносится как **Как «с» в слове «снег»**

В конце слова - **т (t)** Произносится как **Как «т» в слове «свет»**

Примечание: иногда «ш''. См. стр. 98

КУРСИВ ㅅ ㅅ ㅅ ㅅ ㅅ ㅅ

НАПИСАНИЕ Записывается с помощью двух линий.

ЛЕКСИКА 시 Стих, город 야자수 пальма
si *yajasu*

ИЗУЧЕНИЕ Обведите и продолжите писать в клетках ниже.

ПРАКТИКА Попрактикуйтесь в клетках меньшего размера.

ПРИМЕРЫ СЛОГОВ

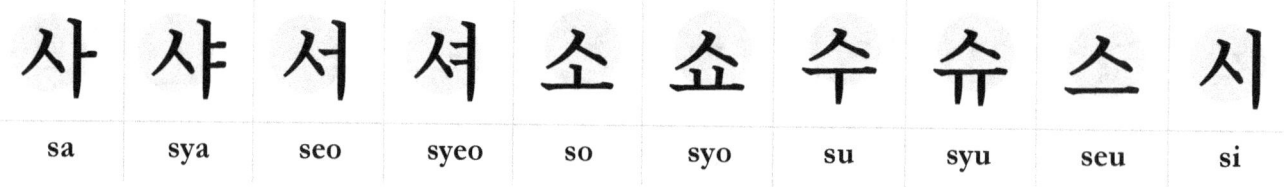

사	샤	서	셔	소	쇼	수	슈	스	시
sa	sya	seo	syeo	so	syo	su	syu	seu	si

ㅈ ㅈ j

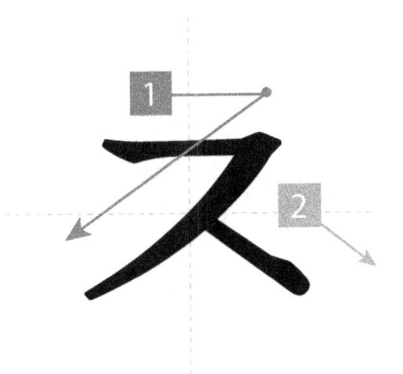

НАЗВАНИЕ 지읒 jieut

ПРОИЗНОШЕНИЕ
В начале слова - **Чж (j)** Произносится как
Как "j" в англ. слове "juice"

В конце слова - **т (t)** Произносится как **Как «т» в слове «молот»**

КУРСИВ ㅈ ㅈ ㅈ ㅈ ㅈ ㅈ

НАПИСАНИЕ Записывается с помощью двух линий.

ЛЕКСИКА **주스** сок **직업** профессия
juseu *jigeop*

ИЗУЧЕНИЕ

Обведите и продолжите писать в клетках ниже.

ПРАКТИКА

Попрактикуйтесь в клетках меньшего размера.

ПРИМЕРЫ СЛОГОВ

자	쟈	저	져	조	죠	주	쥬	즈	지
ja	jya	jeo	jyeo	jo	jyo	ju	jyu	jeu	ji

ㅊ ㅊ ch

НАЗВАНИЕ 치읓 chieut

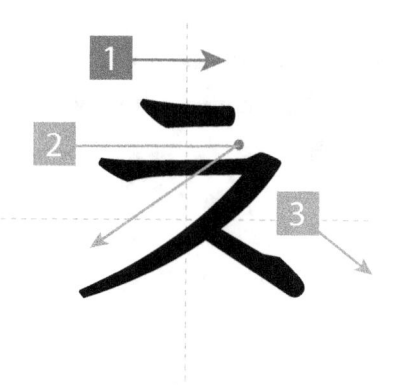

ПРОИЗНОШЕНИЕ

В начале слова - **чх (ch) придых** Произносится как
Как «ч» в слове «чиж»

В конце слова - **т (t)** Произносится как **Как «т» в слове «кот»**

КУРСИВ ㅊ ㅊ ㅊ ㅊ ㅊ ㅊ

НАПИСАНИЕ Записывается с помощью трех линий.

ЛЕКСИКА 차 автомобиль 부츠 ботинки
cha   *bucheu*

ИЗУЧЕНИЕ

Обведите и продолжите писать в клетках ниже.

ПРАКТИКА

Попрактикуйтесь в клетках меньшего размера.

ПРИМЕРЫ СЛОГОВ

차	챠	처	쳐	초	쵸	추	츄	츠	치
cha	chya	cheo	chyeo	cho	chyo	chu	chyu	cheu	chi

ㅇ ○ n/a

ПРОИЗНОШЕНИЕ

В начале слова **немой звук**

В конце слова **-нг (ng)**

Произносится как **Как "ng" в англ. слове "sing"**

КУРСИВ ○ ○ ○ ○ ⌀ ○ ○

НАПИСАНИЕ Записывается в форме круга одним движением.

Черта в месте соединения линий

ЛЕКСИКА **가방** сумка   **식당** Кафе, ресторан
gabang   *sigdang*

ИЗУЧЕНИЕ   Обведите и продолжите писать в клетках ниже.

ПРАКТИКА   Попрактикуйтесь в клетках меньшего размера.

ПРИМЕРЫ СЛОГОВ

아	야	어	여	오	요	우	유	으	이
a	ya	eo	yeo	o	yo	u	yu	eu	i

ㅎ ㅎ h

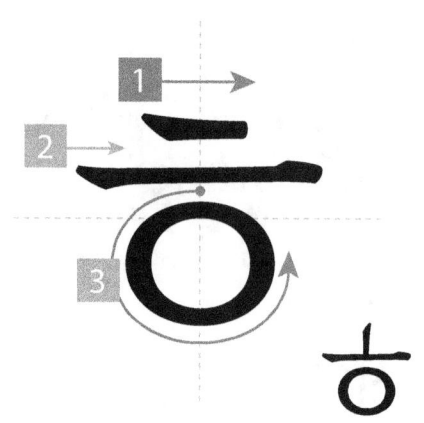

НАЗВАНИЕ 히읕 **hieut**

ПРОИЗНОШЕНИЕ
В начале слова -**х (h)** Произносится как **как «х» в слове «холод»**

В конце слова - **т (t)** Произносится как **как «т» в слове «рот»**

КУРСИВ
ㅎ ㅎ ㅎ ㅎ ㅎ ㅎ

НАПИСАНИЕ
Записывается с помощью трех линий.

ЛЕКСИКА
한국 Южная Корея *Hanguk*

학교 школа *haggyo*

ИЗУЧЕНИЕ
Обведите и продолжите писать в клетках ниже.

ПРАКТИКА
Попрактикуйтесь в клетках меньшего размера.

ПРИМЕРЫ СЛОГОВ

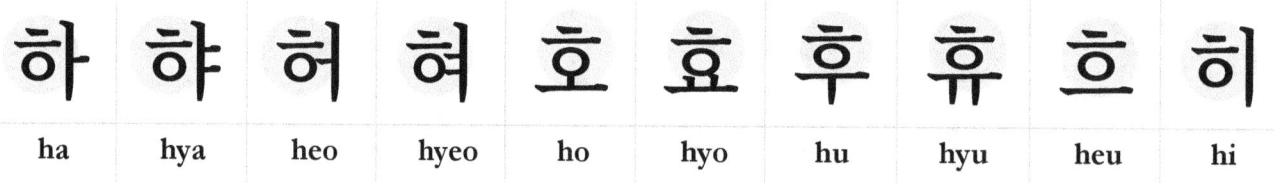

하	햐	허	혀	호	효	후	휴	흐	히
ha	hya	heo	hyeo	ho	hyo	hu	hyu	heu	hi

НАЗВАНИЕ a (а)

ПРОИЗНОШЕНИЕ
Произносится как **как «а» в слове «брат»**

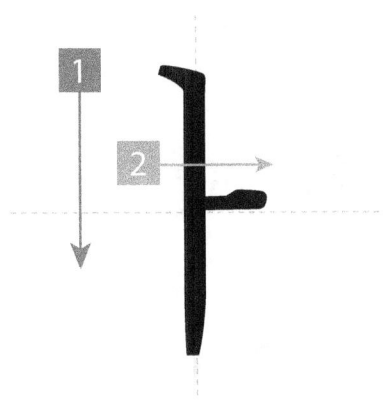

КУРСИВ ㅏ ㅏ ㅏ ㅏ ㅏ

НАПИСАНИЕ Записывается с помощью двух линий.

ЛЕКСИКА **나라** страна *nala*   **나비** бабочка *nabi*

ИЗУЧЕНИЕ

Обведите и продолжите писать в клетках ниже.

ПРАКТИКА

Попрактикуйтесь в клетках меньшего размера.

ПРИМЕРЫ СЛОГОВ

가 카 나 다 타 라 마 바 파 사 자 차 아 하
ga ka na da ta ra ma ba pa sa ja cha a ha

ㅑ ㅑ ya

НАЗВАНИЕ **я (ya)**

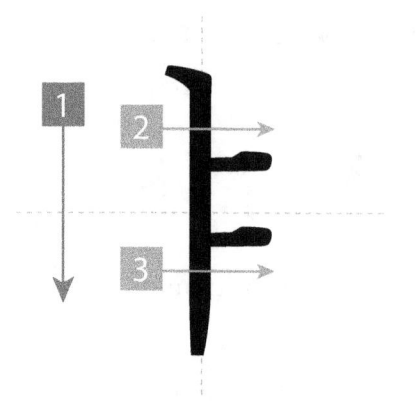

ПРОИЗНОШЕНИЕ
Произносится как **как «я» в слове «яблоко»**

КУРСИВ

НАПИСАНИЕ Записывается с помощью трех линий.

ЛЕКСИКА **야구** бейсбол   **고양이** кошка
yagu   *goyangi*

ИЗУЧЕНИЕ   Обведите и продолжите писать в клетках ниже.

ПРАКТИКА   Попрактикуйтесь в клетках меньшего размера.

ПРИМЕРЫ СЛОГОВ

갸	캬	냐	댜	탸	랴	먀	뱌	퍄	샤	쟈	챠	야	햐
gya	kya	nya	dya	tya	rya	mya	bya	pya	sya	jya	chya	ya	hya

 **eo**

НАЗВАНИЕ ô (eo)

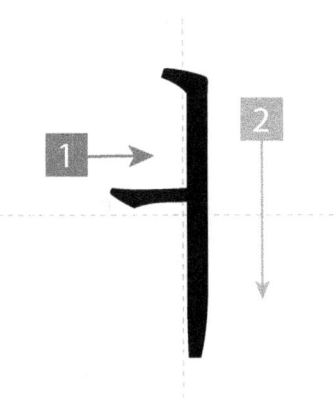

ПРОИЗНОШЕНИЕ
Произносится как **как "u" в англ. слове "bus"**
Нужно губы сложить как для буквы «а", но произнести «о".

КУРСИВ

НАПИСАНИЕ Записывается с помощью двух линий.

ЛЕКСИКА 단어 слово   영어 английский язык
                daneo   *yeongeo*

ИЗУЧЕНИЕ   Обведите и продолжите писать в клетках ниже.

ПРАКТИКА   Попрактикуйтесь в клетках меньшего размера.

ПРИМЕРЫ СЛОГОВ

거 커 너 더 터 러 머 버 퍼 서 저 처 어 허

geo keo neo deo teo reo meo beo peo seo jeo cheo eo heo

 **yeo**

NAZВАНИЕ **йô - ё (yeo)**

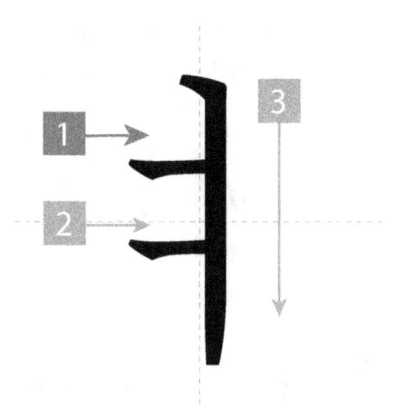

ПРОИЗНОШЕНИЕ
Произносится как **как "yu" в англ. слове "yum"**

КУРСИВ

НАПИСАНИЕ Записывается с помощью трех линий.

ЛЕКСИКА **편지** письмо **저녁** ужин, вечер
pyeonji *jeonyeog*

ИЗУЧЕНИЕ Обведите и продолжите писать в клетках ниже.

ПРАКТИКА Попрактикуйтесь в клетках меньшего размера.

ПРИМЕРЫ СЛОГОВ

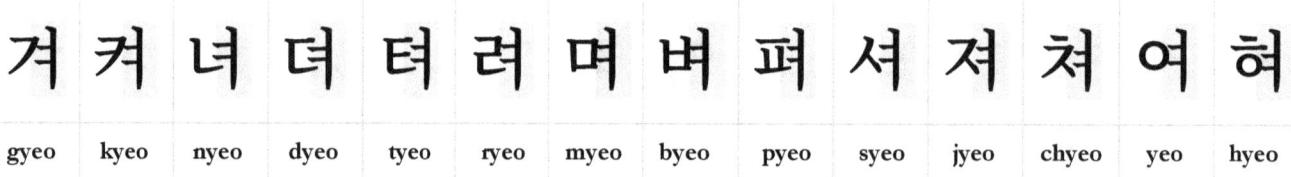

겨	켜	녀	뎌	텨	려	며	벼	펴	셔	져	쳐	여	혀
gyeo	kyeo	nyeo	dyeo	tyeo	ryeo	myeo	byeo	pyeo	syeo	jyeo	chyeo	yeo	hyeo

ㅣ ㅣ i

НАЗВАНИЕ **и (i)**

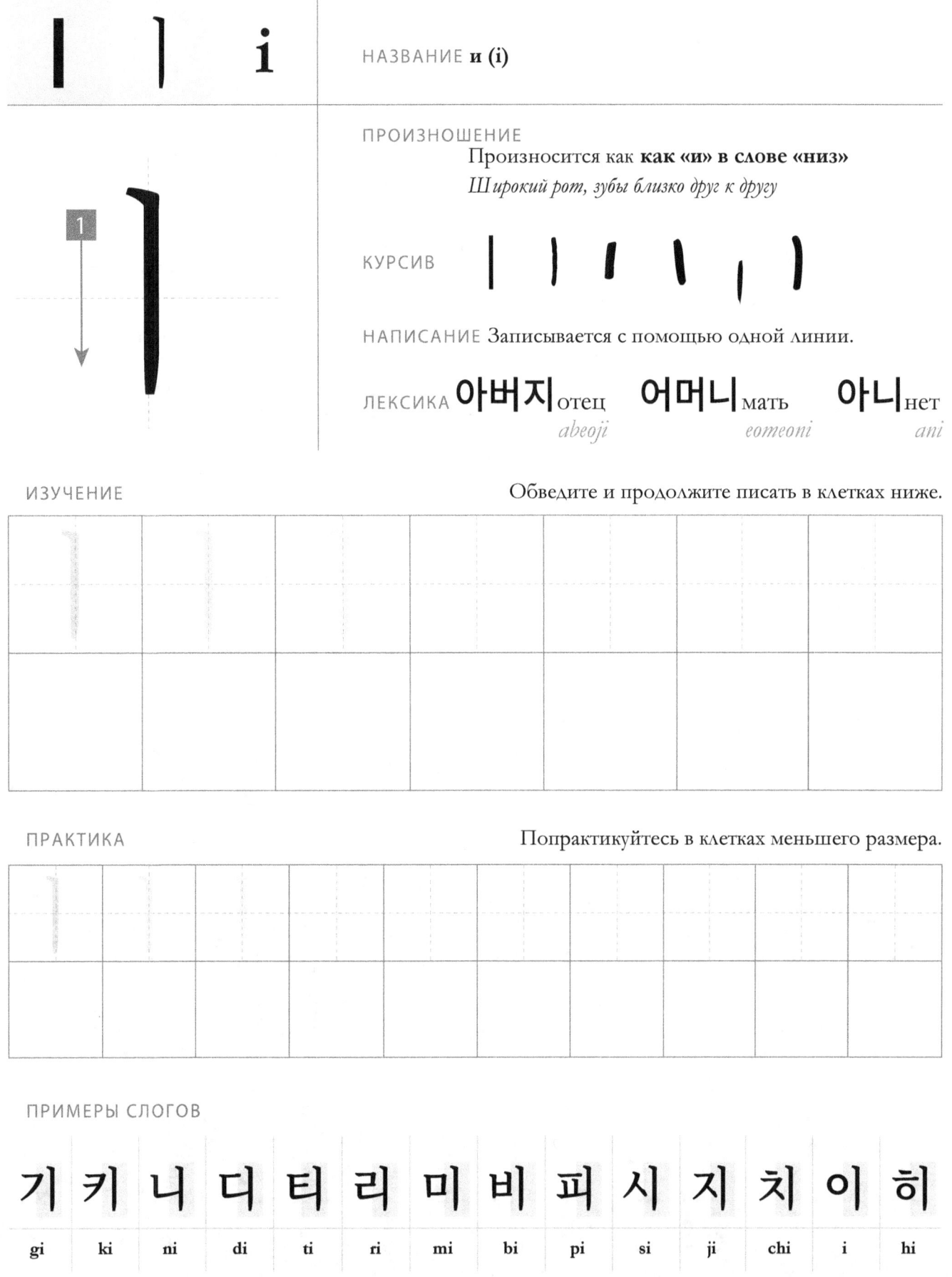

ПРОИЗНОШЕНИЕ

Произносится как **как «и» в слове «низ»**

Широкий рот, зубы близко друг к другу

КУРСИВ ㅣ ㅣ ㅣ ㅣ ㅣ ㅣ

НАПИСАНИЕ Записывается с помощью одной линии.

ЛЕКСИКА 아버지отец 어머니мать 아니нет
abeoji   *eomeoni*   *ani*

ИЗУЧЕНИЕ   Обведите и продолжите писать в клетках ниже.

ПРАКТИКА   Попрактикуйтесь в клетках меньшего размера.

ПРИМЕРЫ СЛОГОВ

기	키	니	디	티	리	미	비	피	시	지	치	이	히
gi	ki	ni	di	ti	ri	mi	bi	pi	si	ji	chi	i	hi

ㅗ ㅗ ㅇ

НАЗВАНИЕ о (o)

ПРОИЗНОШЕНИЕ

Произносится как **как «о» в слове «рот»**

Рот образует форму О, губы неподвижны.

КУРСИВ ㅗ ㅗ ㅗ ㅗ ㅗ ㅗ ㅗ

НАПИСАНИЕ Записывается с помощью двух линий.

ЛЕКСИКА **손** **동물** животное **토마토** помидор

кисть руки *dongmul* *tomato*

son

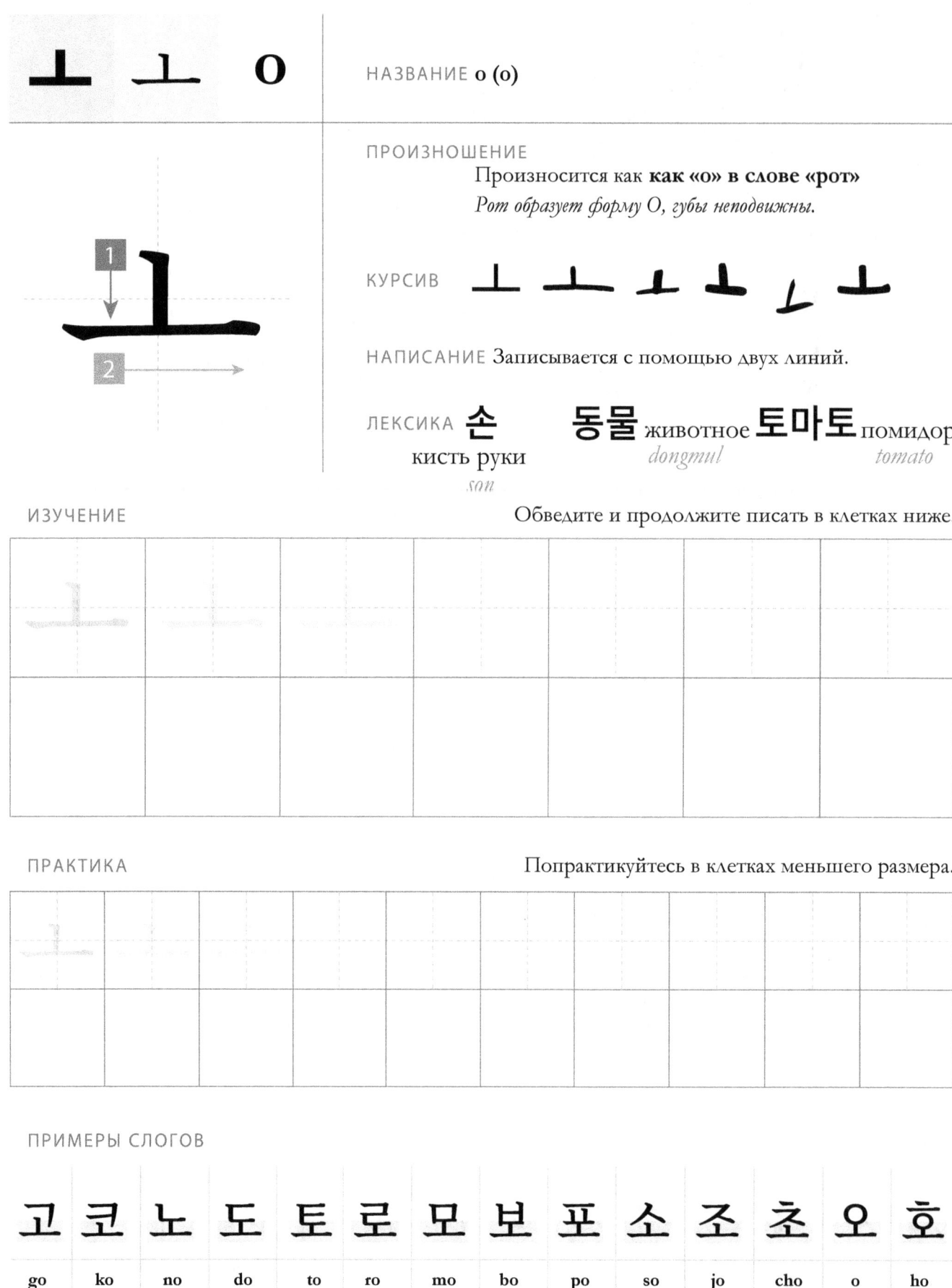

ИЗУЧЕНИЕ Обведите и продолжите писать в клетках ниже.

ПРАКТИКА Попрактикуйтесь в клетках меньшего размера.

ПРИМЕРЫ СЛОГОВ

고	코	노	도	토	로	모	보	포	소	조	초	오	호
go	ko	no	do	to	ro	mo	bo	po	so	jo	cho	o	ho

ㅛ ㅛ yo

НАЗВАНИЕ йо (ё) - yo

ПРОИЗНОШЕНИЕ
звучит как **Как «йо» в слове «йога»**

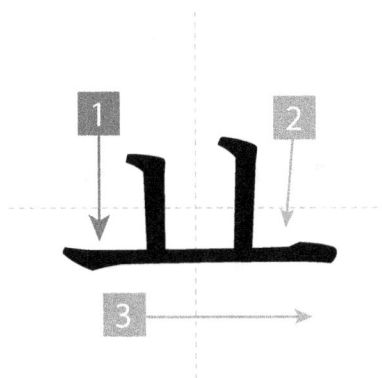

КУРСИВ ㅛ ㅛ ㅛ ㅛ ㅣ ㅛ

НАПИСАНИЕ Записывается с помощью трех линий.

ЛЕКСИКА 요요 йо-йо *yoyo*   쉬워요 простой *swiwoyo*

ИЗУЧЕНИЕ

Обведите и продолжите писать в клетках ниже.

ПРАКТИКА

Попрактикуйтесь в клетках меньшего размера.

ПРИМЕРЫ СЛОГОВ

교	쿄	뇨	됴	툐	료	묘	뵤	표	쇼	죠	쵸	요	효
gyo	kyo	nyo	dyo	tyo	ryo	myo	byo	pyo	syo	jyo	chyo	yo	hyo

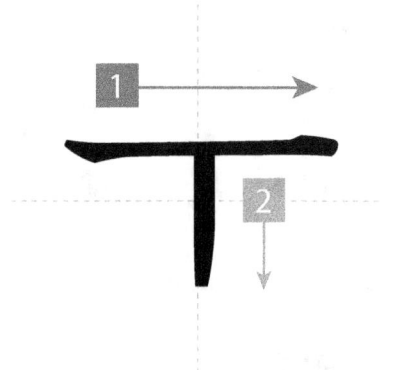

НАЗВАНИЕ у (u)

ПРОИЗНОШЕНИЕ

Произносится как **как «у» в слове «мул»**

Округлая форма губ, рот открыт, нижняя челюсть выдвинута вперед.

КУРСИВ ㅜ ㅜ ㅜ ㅜ ㅜ ㅜ

НАПИСАНИЕ Записывается с помощью двух линий.

ЛЕКСИКА 두부 тофу *tubu* 추위 холодный *chuwi* 나무 дерево *namu*

ИЗУЧЕНИЕ Обведите и продолжите писать в клетках ниже.

ПРАКТИКА Попрактикуйтесь в клетках меньшего размера.

ПРИМЕРЫ СЛОГОВ

구	쿠	누	두	투	루	무	부	푸	수	주	추	우	후
gu	ku	nu	du	tu	ru	mu	bu	pu	su	ju	chu	u	hu

ㅠ ㅠ yu

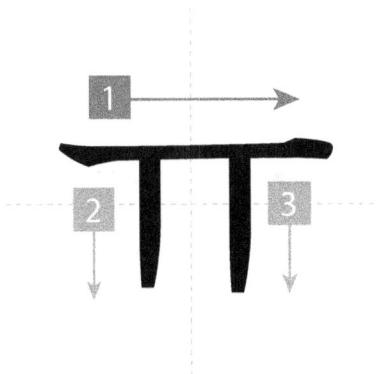

ПРОИЗНОШЕНИЕ
Произносится как **как «ю» в слове «юла»**

КУРСИВ ㅠ ㅠ ㅠ ㅠ ㅠ ㅠ

НАПИСАНИЕ Записывается с помощью трех линий.

ЛЕКСИКА 자유 свобода 컴퓨터 компьютер
chayu *keompyuteo*

ИЗУЧЕНИЕ

Обведите и продолжите писать в клетках ниже.

ПРАКТИКА

Попрактикуйтесь в клетках меньшего размера.

ПРИМЕРЫ СЛОГОВ

규	큐	뉴	듀	튜	류	뮤	뷰	퓨	슈	쥬	츄	유	휴
gyu	kyu	nyu	dyu	tyu	ryu	myu	byu	pyu	syu	jyu	chyu	yu	hyu

━ ━ eu

НАЗВАНИЕ **ы (eu)**

ПРОИЗНОШЕНИЕ

звучит как **как «ы» в слове «сыр»**

Произносится как русская «ы”, но мягче

1 →

КУРСИВ ━ ━ ― ▁ ⌣ ⌣

НАПИСАНИЕ Записывается с помощью одной линии.

ЛЕКСИКА 이름 имя 퀴즈 викторина 카드 карта
ileum *kwijeu* *kadeu*

ИЗУЧЕНИЕ Обведите и продолжите писать в клетках ниже.

ПРАКТИКА Попрактикуйтесь в клетках меньшего размера.

ПРИМЕРЫ СЛОГОВ

그	크	느	드	트	르	므	브	프	스	즈	츠	으	흐
geu	keu	neu	deu	teu	reu	meu	beu	peu	seu	jeu	cheu	eu	heu

Часть 3

ОСНОВЫ АЛФАВИТА ПРОВЕРКА ЗНАНИЙ И ПРАКТИКА

								ПРОИЗНОШЕНИЕ
ㄱ								
ㅋ								
ㄴ								
ㄷ								
ㅌ								
ㄹ								

								ПРОИЗНОШЕНИЕ
ㅁ								
ㅂ								
ㅍ								
ㅅ								
ㅈ								
ㅊ								

Примечание: Так как примеры составлены исключительно для практики, среди них могут встречаться малоиспользуемые в реальной жизни выражения.

42

							ПРОИЗНОШЕНИЕ
ㄱ							
ㅋ							
ㄴ							
ㄷ							
ㅌ							
ㄹ							

							ПРОИЗНОШЕНИЕ
ㅁ							
ㅂ							
ㅍ							
ㅅ							
ㅈ							
ㅊ							

(См. таблицу в приложении на стр. 123)

ПРОИЗНОШЕНИЕ

ㄱ									
ㅋ									
ㄴ									
ㄷ									
ㅌ									
ㄹ									

ПРАКТИКА Соедините согласные с гласными букв 으 오

ПРОИЗНОШЕНИЕ

ㅁ									
ㅂ									
ㅍ									
ㅅ									
ㅈ									
ㅊ									

Примечание: Так как примеры составлены исключительно для практики, среди них могут встречаться малоиспользуемые в реальной жизни выражения.

44

ㄱ								
ㅋ								
ㄴ								
ㄷ								
ㅌ								
ㄹ								

ㅁ								
ㅂ								
ㅍ								
ㅅ								
ㅈ								
ㅊ								

(См. таблицу в приложении на стр. 123)

ㄱ									
ㅋ									
ㄴ									
ㄷ									
ㅌ									
ㄹ									

ㅁ									
ㅂ									
ㅍ									
ㅅ									
ㅈ									
ㅊ									

Примечание: Так как примеры составлены исключительно для практики, среди них могут встречаться малоиспользуемые в реальной жизни выражения.

ㄱ								
ㅋ								
ㄴ								
ㄷ								
ㅌ								
ㄹ								

ПРАКТИКА Соедините согласные с гласными букв 요 요 | ПРОИЗНОШЕНИЕ

ㅁ								
ㅂ								
ㅍ								
ㅅ								
ㅈ								
ㅊ								

(См. таблицу в приложении на стр. 123)

ПРОВЕРКА ЗНАНИЙ! A

Чтобы решить тест, напрягите память!

① 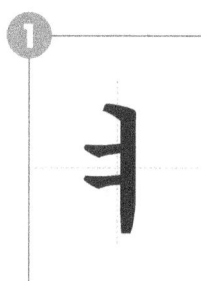 Как произносится эта буква? ____ ?

A. как "yu" в англ. слове "yum"

B. как «о» в слове «рот»

C. как «и» в слове «низ»

D. как «я» в слове «яблоко»

⑥ 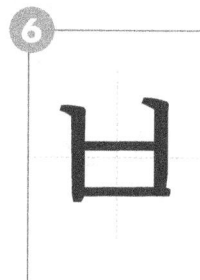 Сколько штрихов нужно для написания этой буквы?

Сможете написать их порядок на изображении?

A. **2**   B. **4**

C. **3**   D. **5**

____

② ____ произносится как 'п' in в слове «пицца»?

A. ㅠ   B. ㅍ

C. ㅛ   D. ㅂ

⑦ ____ Какая из букв произносится как «и» в слове «низ»?

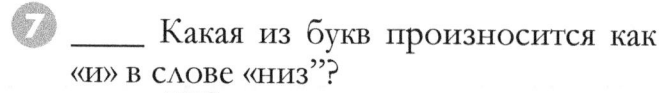

A. ㅜ   B. ㅡ

C. ㅣ   D. ㅗ

____

③ Какая немая согласная буква находится рядом с одиночной гласной?

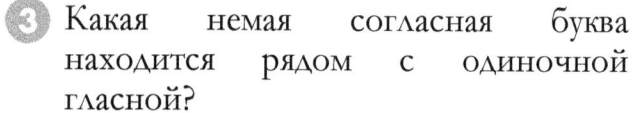

A.   B.   C.   D.

⑧ Какой из вариантов порядка букв в слоге неверный?

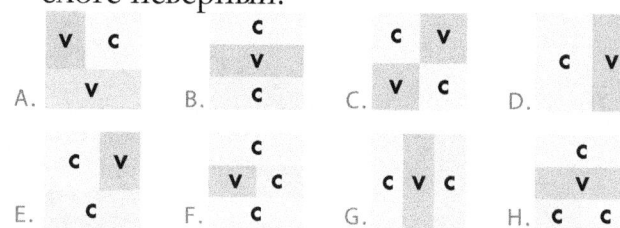

④ ____ произносится как 'j' в англ. слове «juice»?

A. ㅅ   B. ㅊ

C. ㅈ   D. ㅎ

____

⑨ ____ Какая из букв произносится как «д» в слове «дверь»?

A. ㅋ   B. ㄷ

C. ㄴ   D. ㅌ

____

⑤ 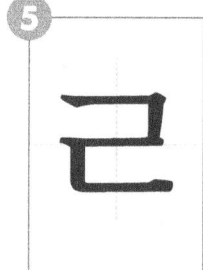 Сколько штрихов нужно для написания этой буквы?

Сможете написать их порядок на изображении?

A. **2**   B. **4**

C. **3**   D. **5**

⑩  Как произносится эта буква? ____ ?

A. Как «к» в слове «кошка»

B. Как «ч» в слове «чиж»

C. Как «д» в слове «дверь»

D. Как «г» в слове «гора»

____

(См. Ответы на стр. 128)

Часть 4

СОСТАВНЫЕ БУКВЫ В КОРЕЙСКОМ ЯЗЫКЕ

СОЧЕТАНИЯ БУКВ

Помимо основных букв в корейском алфавите существует ещё 16 букв, которые часто называют составными. Изучить их не так сложно, как может показаться. На самом деле они состоят из комбинаций уже знакомых вам букв!

УДВОЕННЫЕ СОГЛАСНЫЕ

Эта группа букв довольно небольшая, всего 5 «напряженных» двойных согласных, и они просто представляют собой удвоение одной и той же буквы! Все они могут находиться в начале слова, но только ㄲ и ㅆ могут играть роль падчима (об этом мы поговорим позже).

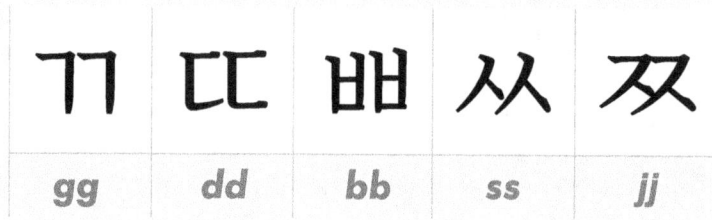

Произношение этих букв схоже с произношением их основных «одиночных» версий, за исключением того, что из произносят усиленней.

Когда вы делаете небольшую паузу перед произношением буквы, вы накапливаете небольшую дополнительную силу для произношения следующей буквы.

Удвоенные согласные звуки близки по звучанию соответствующим звукам русского языка. Например, как в словах «оттачивать» (ㄸ - тт) или «ссора» (ㅆ - сс).

Когда двойные согласные используются таким образом, они считаются одной буквой при письме. Таким образом, место, которое они занимают в слоге, такое же, как у любой другой одиночной буквы. Теперь давайте посмотрим, как двойные согласные выглядят внутри слогов:

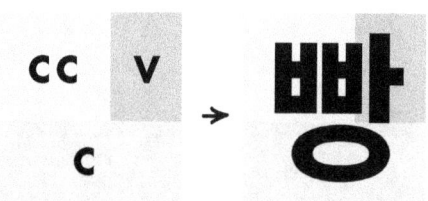 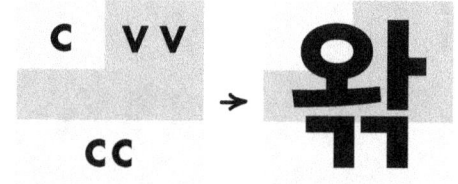

Г = гласный
С = согласный

С С = удвоенный согласный

Г Г = удвоенный гласный

ДВОЙНЫЕ СОГЛАСНЫЕ

Составные гласные (дифтонги) состоят из двух базовых гласных. Звуки, которые представляют отдельные буквы, соединяются, чтобы создать новый звук. Дифтонги произносятся как два соединенных гласных довольно быстро, как один плавный звук:

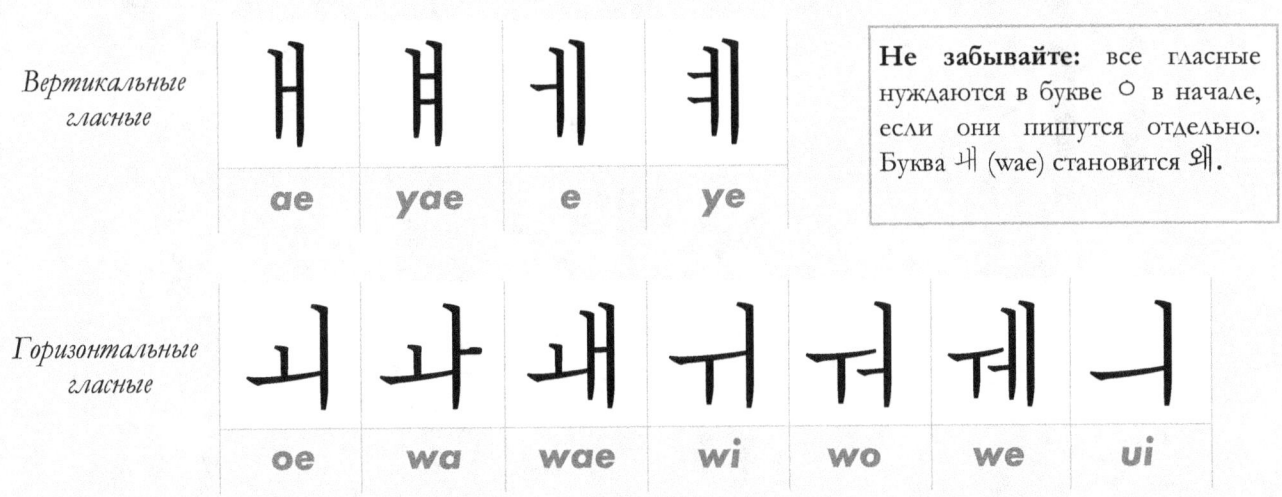

Вертикальные гласные

ㅐ	ㅒ	ㅔ	ㅖ
ae	yae	e	ye

> **Не забывайте:** все гласные нуждаются в букве ㅇ в начале, если они пишутся отдельно. Буква ㅙ (wae) становится 왜.

Горизонтальные гласные

ㅚ	ㅘ	ㅙ	ㅟ	ㅝ	ㅞ	ㅢ
oe	wa	wae	wi	wo	we	ui

Блоки слогов с дифтонгами также имеют разные расположения в зависимости от формы гласных внутри них и количества букв, которые они содержат.

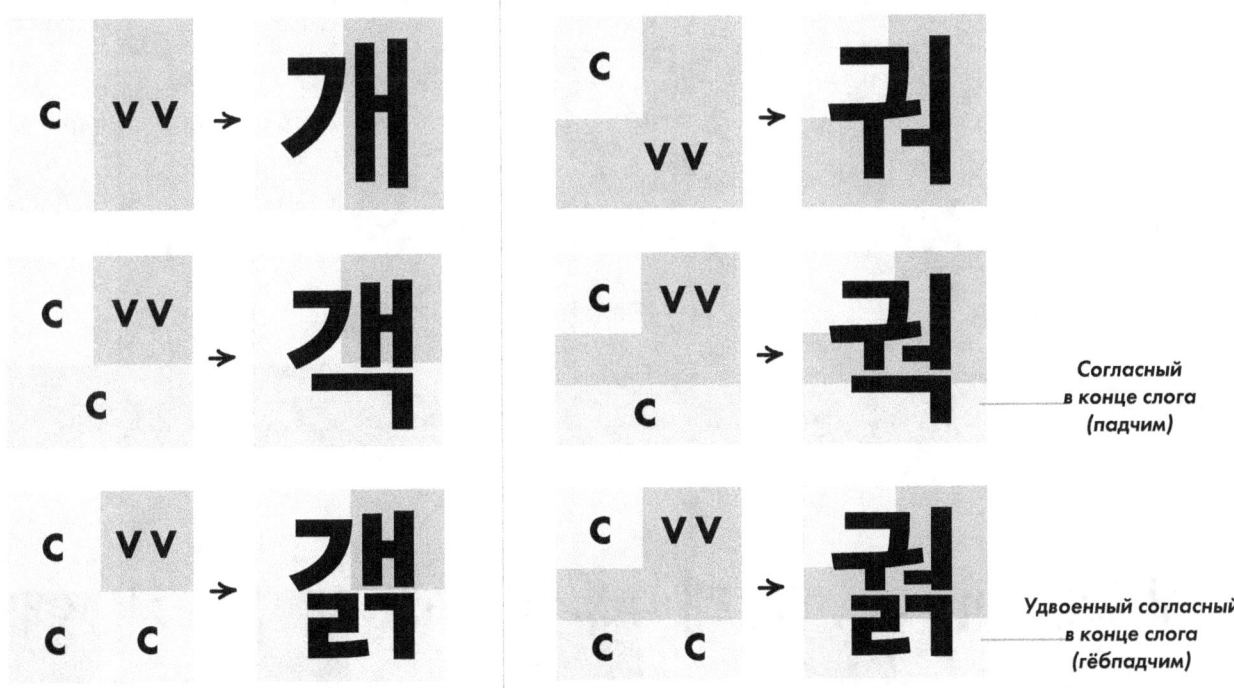

Согласный в конце слога (падчим)

Удвоенный согласный в конце слога (гёбпадчим)

ㅐ ㅐ ae

ПРОИЗНОШЕНИЕ

Произносится как **как «э» в слове «этот»**

По звучанию похож на букву ㅔ

КУРСИВ ㅐ ㅐ ㅐ ㅐ ㅐ ㅐ

НАПИСАНИЕ Записывается с помощью двух линий.

ЛЕКСИКА 내일 Завтра
naeil

소개 представление
sogae

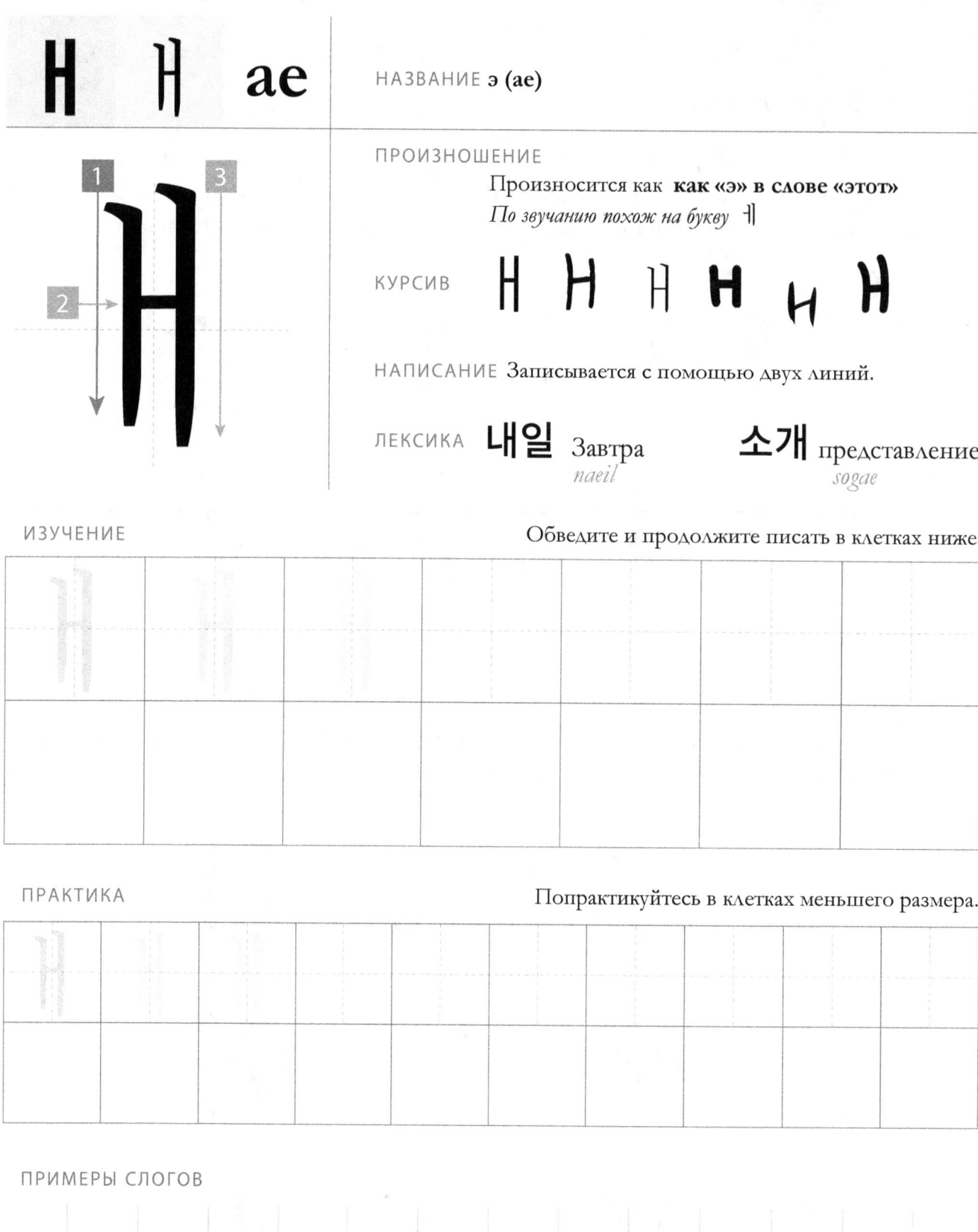

ИЗУЧЕНИЕ Обведите и продолжите писать в клетках ниже.

ПРАКТИКА Попрактикуйтесь в клетках меньшего размера.

ПРИМЕРЫ СЛОГОВ

개	캐	내	대	태	래	매	배	패	새	재	채	애	해
gae	kae	nae	dae	tae	rae	mae	bae	pae	sae	jae	chae	ae	hae

 ㅒ yae

НАЗВАНИЕ **йэ (yae)**

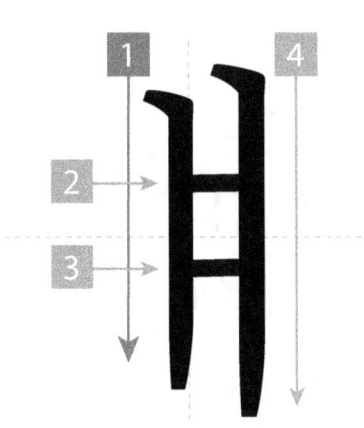

ПРОИЗНОШЕНИЕ
Произносится как **как 'yeh' в англ. 'yeah'**

КУРСИВ ㅒ ㅒ ㅒ ㅒ ㅒ ㅒ

НАПИСАНИЕ Записывается с помощью четырех линий.

ЛЕКСИКА **얘기** Рассказ
yaegi

ИЗУЧЕНИЕ

Обведите и продолжите писать в клетках ниже.

ПРАКТИКА

Попрактикуйтесь в клетках меньшего размера.

ПРИМЕРЫ СЛОГОВ

개	캐	내	대	태	래	매	배	패	새	재	채	애	해
gyae	kyae	nyae	dyae	tyae	ryae	myae	byae	pyae	syae	jyae	chyae	yae	hyae

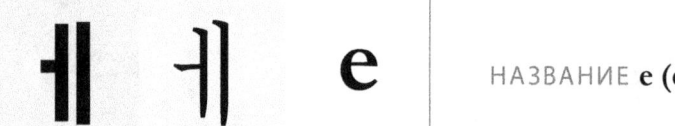 е

ПРОИЗНОШЕНИЕ

Произносится как **как «е» в слове «меч»**
Очень похож на ㅐ *, но звук длиннее.*

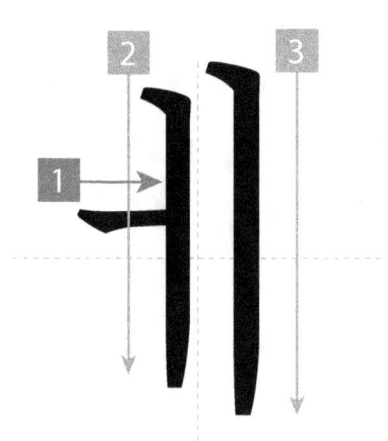

КУРСИВ ㅔ ㅔ ㅔ *ㅔ* ㅔ

НАПИСАНИЕ Записывается с помощью трех линий

ЛЕКСИКА **가게** магазин **어제** вчера
gage *eoje*

ИЗУЧЕНИЕ   Обведите и продолжите писать в клетках ниже.

ПРАКТИКА   Попрактикуйтесь в клетках меньшего размера.

ПРИМЕРЫ СЛОГОВ

게 케 네 데 테 레 메 베 페 세 제 체 에 헤
ge ke ne de te re me be pe se je coe e he

 ㅖ ye

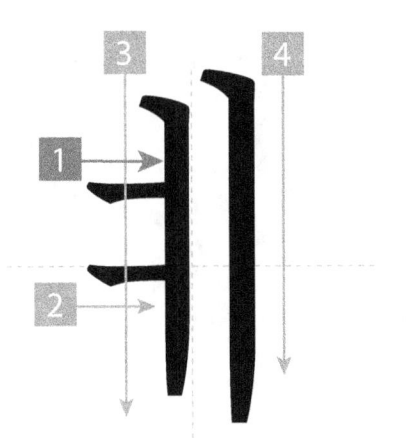

ПРОИЗНОШЕНИЕ
Произносится как **как «е» в слове «ель»**

КУРСИВ ㅖ ㅖ ㅖ ㅖ ㅖ ㅖ

НАПИСАНИЕ Записывается с помощью четырех линий.

ЛЕКСИКА 세계 мир
segye

시계 часы
sigye

ИЗУЧЕНИЕ Обведите и продолжите писать в клетках ниже.

ПРАКТИКА Попрактикуйтесь в клетках меньшего размера.

ПРИМЕРЫ СЛОГОВ

계	켸	녜	뎨	톄	례	몌	볘	폐	셰	졔	쳬	예	혜
gye	kye	nye	dye	tye	rye	mye	bye	pye	sye	jye	chye	ye	hye

 **oe**

ПРОИЗНОШЕНИЕ
Pronounced as **как 'we' в англ. "wet"**

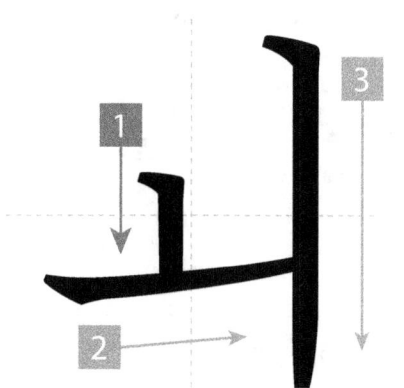

КУРСИВ

НАПИСАНИЕ Записывается с помощью трех линий.

ЛЕКСИКА **뇌** мозг   **회사** компания
            noe   *hoesa*

ИЗУЧЕНИЕ   Обведите и продолжите писать в клетках ниже.

ПРАКТИКА   Попрактикуйтесь в клетках меньшего размера.

ПРИМЕРЫ СЛОГОВ

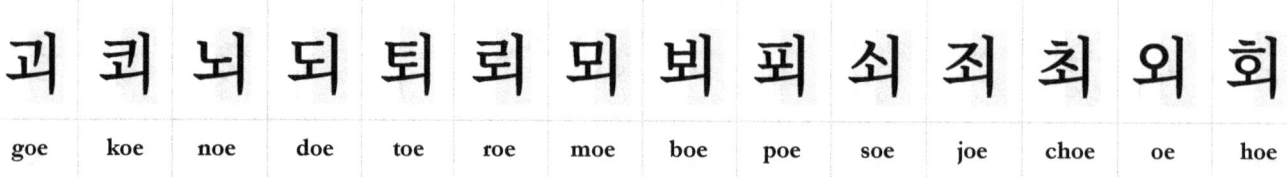

괴	쾨	뇌	되	퇴	뢰	뫼	뵈	푀	쇠	죄	최	외	회
goe	koe	noe	doe	toe	roe	moe	boe	poe	soe	joe	choe	oe	hoe

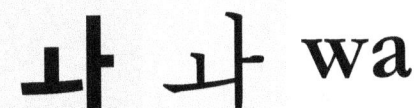 **wa**

НАЗВАНИЕ **ва (wa)**

ПРОИЗНОШЕНИЕ
Произносится как как «ва» в слове «вата»

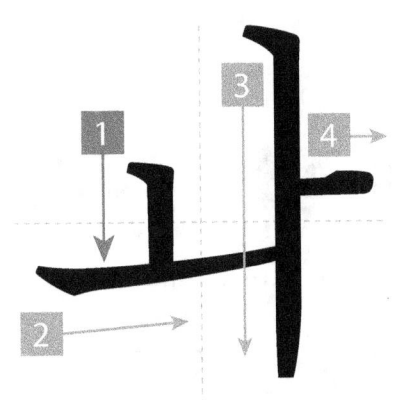

КУРСИВ 과 과 과 과 과 과

НАПИСАНИЕ *Записывается с помощью четырех линий.*

ЛЕКСИКА **와!** вау!
wa!
과일 фрукты
gwail
사과 яблоко
sagwa

ИЗУЧЕНИЕ

Обведите и продолжите писать в клетках ниже.

ПРАКТИКА

Попрактикуйтесь в клетках меньшего размера.

ПРИМЕРЫ СЛОГОВ

과	콰	놔	돠	톼	롸	뫄	봐	퐈	솨	좌	촤	와	화
gwa	kwa	nwa	dwa	twa	rwa	mwa	bwa	pwa	swa	jwa	chwa	wa	hwa

왜 왜 wae

ПРОИЗНОШЕНИЕ
Произносится как **как «вэ» в слове «вэб-сайт»**

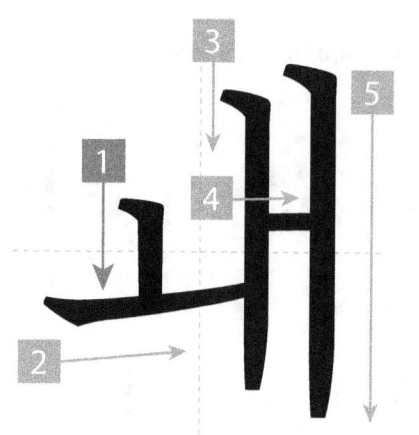

КУРСИВ 왜 왜 왜 왜 왜 왜

НАПИСАНИЕ Записывается с помощью пяти линий.

ЛЕКСИКА **왜요?** почему? **인쇄** **돼지** свинья
waeyo? Распечатать *dwaeji*
inswae

ИЗУЧЕНИЕ

Обведите и продолжите писать в клетках ниже.

ПРАКТИКА

Попрактикуйтесь в клетках меньшего размера.

ПРИМЕРЫ СЛОГОВ

괘	쾌	놰	돼	퇘	뢔	뫠	봬	퐤	쇄	좨	쵀	왜	홰
gwae	kwae	nwae	dwae	twae	rwae	mwae	bwae	pwae	swae	jwae	chwae	wae	hwae

 **wi**

ПРОИЗНОШЕНИЕ

Произносится как **как «ви» в слове «вино»**

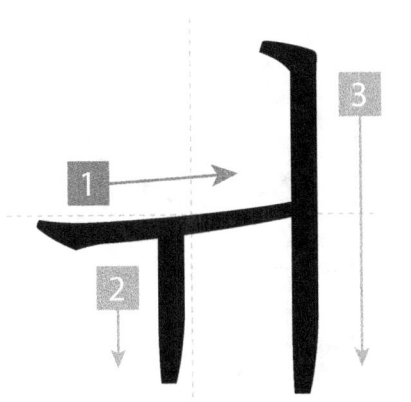

КУРСИВ ㅟ ㅜㅣ ㅟ ㅟ ㅟ ㅟ

НАПИСАНИЕ Записывается с помощью трех линий.

ЛЕКСИКА 키위 киви
kiwi
바퀴 колесо
bakwi
귀걸이 серьги
gwigeoli

ИЗУЧЕНИЕ

Обведите и продолжите писать в клетках ниже.

ПРАКТИКА

Попрактикуйтесь в клетках меньшего размера.

ПРИМЕРЫ СЛОГОВ

귀	퀴	뉘	뒤	튀	뤼	뮈	뷔	퓌	쉬	쥐	취	위	휘
gwi	kwi	nwi	dwi	twi	rwi	mwi	bwi	pwi	swi	jwi	chwi	wi	hwi

궈 거 **wo**

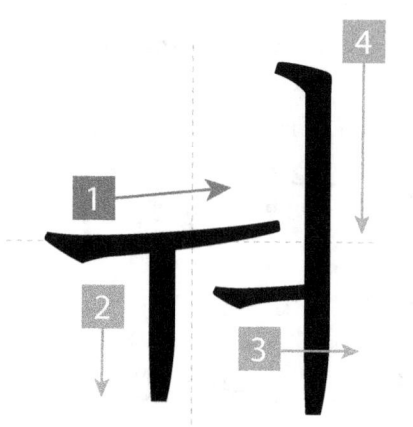

НАЗВАНИЕ во (wo)

ПРОИЗНОШЕНИЕ
Произносится как **как «во» в слове «волк»**

КУРСИВ 궈 궈 궈 궈 궈 궈

НАПИСАНИЕ Записывается с помощью четырех линий

ЛЕКСИКА 소원 желание *sowon*   법원 суд *beob-won*

ИЗУЧЕНИЕ Обведите и продолжите писать в клетках ниже.

ПРАКТИКА Попрактикуйтесь в клетках меньшего размера.

ПРИМЕРЫ СЛОГОВ

궈	쿼	뉘	둬	퉈	뤄	뭐	붜	풔	쉬	줘	춰	워	훠
gwo	kwo	nwo	dwo	two	rwo	mwo	bwo	pwo	swo	jwo	chwo	wo	hwo

뭬 뭬 we

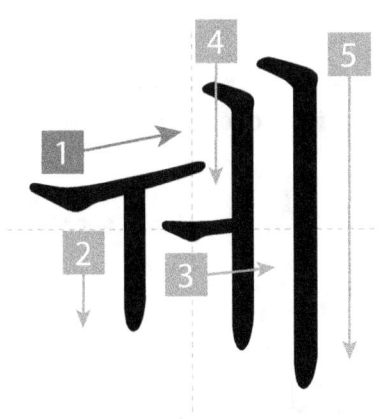

ПРОИЗНОШЕНИЕ

Произносится как **как «ве» в слове «весна»**

По звучанию похоже на «ве»

КУРСИВ 뭬 뭬 뭬 **뭬** 뭬 뭬

НАПИСАНИЕ Записывается с помощью пяти линий

ЛЕКСИКА **웨딩** свадьба   *(встречается редко)*
weding

ИЗУЧЕНИЕ   Обведите и продолжите писать в клетках ниже.

ПРАКТИКА   Попрактикуйтесь в клетках меньшего размера.

ПРИМЕРЫ СЛОГОВ

궤	퀘	눼	뒈	퉤	뤠	뭬	붸	풰	쉐	줴	췌	웨	훼
gwe	kwe	nwe	dwe	twe	rwe	mwe	bwe	pwe	swe	jwe	chwe	we	hwe

ᅴ ㅓ ㅣ **ui**

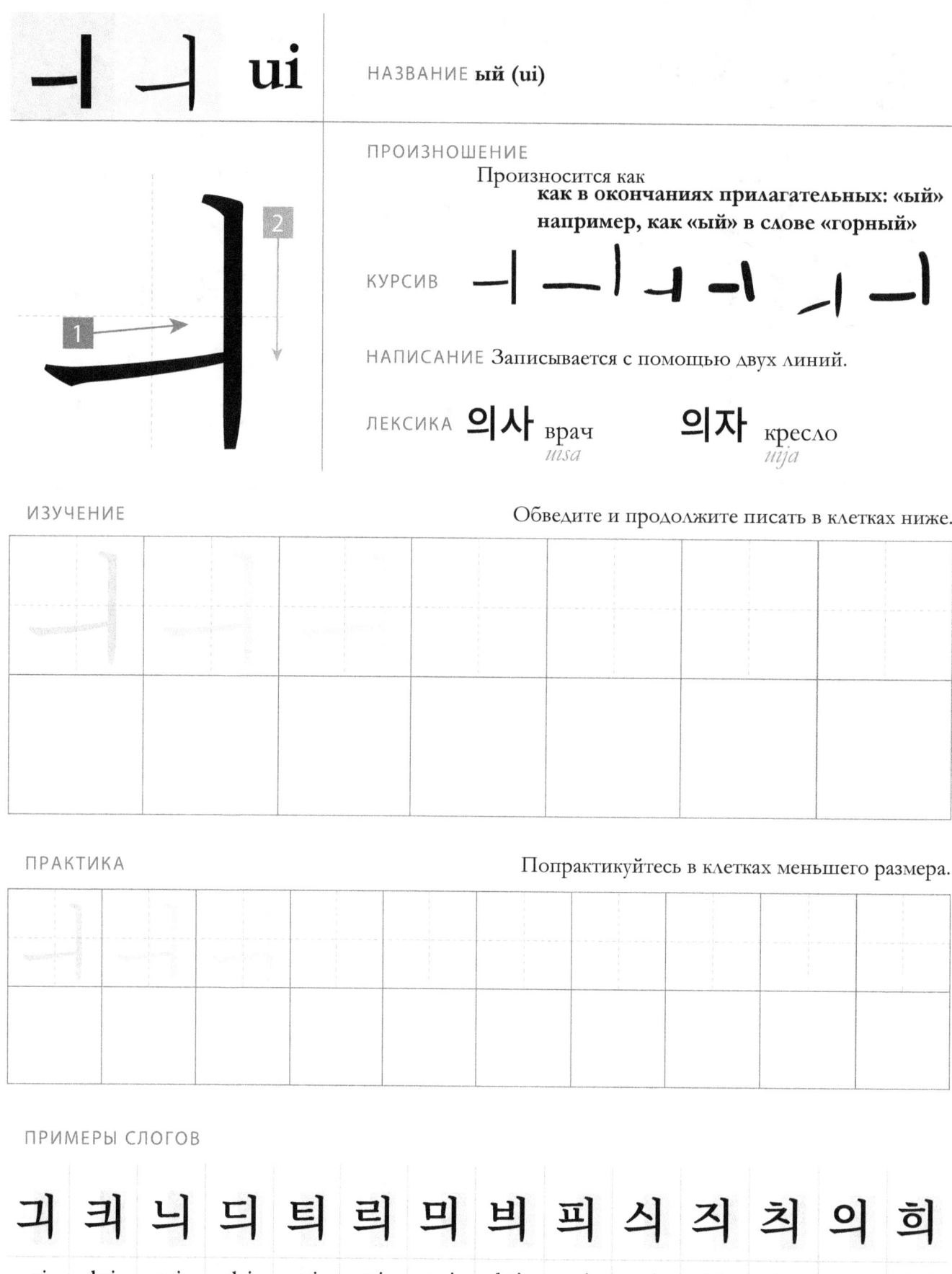

ПРОИЗНОШЕНИЕ

Произносится как
как в окончаниях прилагательных: «ый»
например, как «ый» в слове «горный»

КУРСИВ ᅴ ᅴ ᅴ ᅴ ᅴ ᅴ

НАПИСАНИЕ Записывается с помощью двух линий.

ЛЕКСИКА 의사 врач   의자 кресло
uisa   *uija*

ИЗУЧЕНИЕ

Обведите и продолжите писать в клетках ниже.

ПРАКТИКА

Попрактикуйтесь в клетках меньшего размера.

ПРИМЕРЫ СЛОГОВ

귀 퀴 늬 듸 틔 릐 믜 븨 픠 싀 즤 츼 의 희

gui   kui   nui   dui   tui   rui   mui   bui   pui   sui   jui   chui   ui   hui

ㄲ ㄲ gg

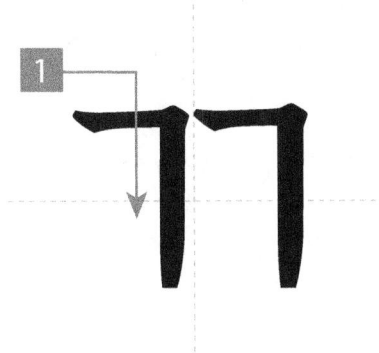

НАЗВАНИЕ 쌍기역 **ssang giyeok**

ПРОИЗНОШЕНИЕ

Произносится как **как «к» в слове «скала»**

произносится как ㄱ (киёк), но звук напряженнее.

КУРСИВ ㄲ ㄲ ㄲ ㄲ ㄲ ㄲ

НАПИСАНИЕ двойной киёк, два штриха

ЛЕКСИКА 낚시 рыбалка 토끼 кролик
naggsi *toggi*

ИЗУЧЕНИЕ

Обведите и продолжите писать в клетках ниже.

ПРАКТИКА

Попрактикуйтесь в клетках меньшего размера.

ПРИМЕРЫ СЛОГОВ

까	꺄	꺼	껴	꼬	꾜	꾸	뀨	끄	끼
gga	ggya	ggeo	ggyeo	ggo	ggyo	ggu	ggyu	ggeu	ggi

ㄸ ㄸ dd

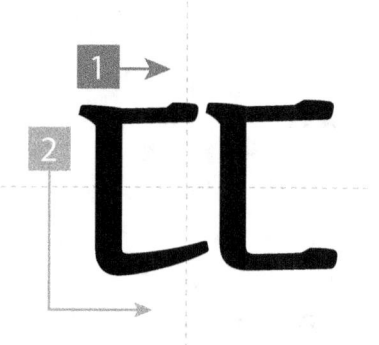

НАЗВАНИЕ 쌍 디귿 **ssang digeut**

ПРОИЗНОШЕНИЕ
Произносится как **как «д» в слове «где»**
произносится как ㄷ (дигыт), но звук напряженнее.

КУРСИВ ㄸ ㄸ ㄸ ㄸ ㄸ ㄸ

НАПИСАНИЕ двойной дигыт, четыре штриха

ЛЕКСИКА 머리띠 повязка на голову *meoliddi*   뜨거운 горячий *ddeugeoun*

ИЗУЧЕНИЕ
Обведите и продолжите писать в клетках ниже.

ПРАКТИКА
Попрактикуйтесь в клетках меньшего размера.

ПРИМЕРЫ СЛОГОВ

따	땨	떠	뗘	또	뚀	뚜	뜌	뜨	띠
dda	ddya	ddeo	ddyeo	ddo	ddyo	ddu	ddyu	ddeu	ddi

ㅃ ㅃ bb

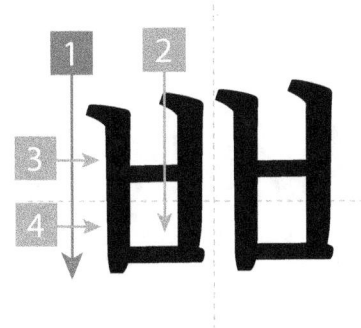

ПРОИЗНОШЕНИЕ

Произносится как как «б» в слове «сбоку»

Произносится как ㅂ (биып), но звук напряженнее.

КУРСИВ ㅃ *ㅃ* **ㅃ** ㅃ ㅃ ㅃ

НАПИСАНИЕ двойной биып, восемь штрихов

ЛЕКСИКА **빵** хлеб **빠른** быстрый **바쁜** занятой
bbang　　　　　　*bbaleun*　　　*babbeun*

ИЗУЧЕНИЕ

Обведите и продолжите писать в клетках ниже.

ㅃ	ㅃ	ㅃ				

ПРАКТИКА

Попрактикуйтесь в клетках меньшего размера.

ㅃ	ㅃ	ㅃ							

ПРИМЕРЫ СЛОГОВ

빠	빠	뼈	뼈	뽀	뾰	뿌	쀼	쁘	삐
bba	bba	bbeo	bbyeo	bbo	bbyo	bbu	bbyu	bbeu	bbi

НАЗВАНИЕ 쌍 시옷 **ssang siot**

ПРОИЗНОШЕНИЕ

как «сс» в слове «ссора»

Произносится как 人 (сиот), но звук напряженнее.

КУРСИВ

НАПИСАНИЕ двойной сиот, четыре штриха

ЛЕКСИКА 비싼 дорогой   싼 дешевый
bissan   *ssan*

ИЗУЧЕНИЕ   Обведите и продолжите писать в клетках ниже.

ПРАКТИКА   Попрактикуйтесь в клетках меньшего размера.

ПРИМЕРЫ СЛОГОВ

싸	쌰	써	쎠	쏘	쑈	쑤	쓔	쓰	씨
ssa	ssya	sseo	ssyeo	sso	ssyo	ssu	ssyu	sseu	ssi

ㅉ ㅉ jj

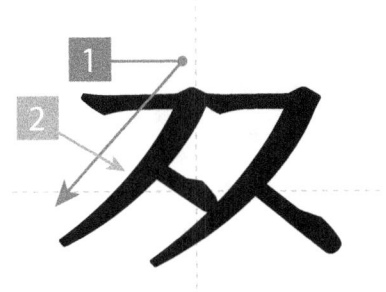

НАЗВАНИЕ 쌍 지읒 **ssang jieut**

ПРОИЗНОШЕНИЕ

как «ч» в слове «отчаяние»

Произносится как ㅈ (джиыт), но звук напряженнее.

КУРСИВ ㅉ ㅉ ㅉ ㅉ ㅉ ㅉ

НАПИСАНИЕ двойной джиыт, четыре штриха

ЛЕКСИКА 찌개 рагу или суп   짜다 соленый
jjigae   *jjada*

ИЗУЧЕНИЕ

Обведите и продолжите писать в клетках ниже.

ПРАКТИКА

Попрактикуйтесь в клетках меньшего размера.

ПРИМЕРЫ СЛОГОВ

짜	쨔	쩌	쪄	쪼	쬬	쭈	쮸	쯔	찌
jja	jjya	jjeo	jjyeo	jjo	jjyo	jju	jjyu	jjeu	jji

ㄱ									
ㅋ									
ㄴ									
ㄷ									
ㅌ									
ㄹ									

ПРАКТИКА Соедините согласные с гласными букв **애 애**   ПРОИЗНОШЕНИЕ

ㅁ									
ㅂ									
ㅍ									
ㅅ									
ㅈ									
ㅊ									

Примечание: Так как примеры составлены исключительно для практики, среди них могут встречаться малоиспользуемые в реальной жизни выражения.

ㄱ							
ㅋ							
ㄴ							
ㄷ							
ㅌ							
ㄹ							

ㅁ							
ㅂ							
ㅍ							
ㅅ							
ㅈ							
ㅊ							

(См. таблицу в приложении на стр. 123)

69

ПРОИЗНОШЕНИЕ

ㄱ								
ㅋ								
ㄴ								
ㄷ								
ㅌ								
ㄹ								

ПРАКТИКА Соедините согласные с гласными букв 와 와 ПРОИЗНОШЕНИЕ

ㅁ								
ㅂ								
ㅍ								
ㅅ								
ㅈ								
ㅊ								

Примечание: Так как примеры составлены исключительно для практики, среди них могут встречаться малоиспользуемые в реальной жизни выражения.

ㄱ								
ㄴ								
ㄷ								
ㅌ								
ㄹ								

ㅁ								
ㅂ								
ㅍ								
ㅅ								
ㅈ								
ㅊ								

(См. таблицу в приложении на стр. 123)

ㄱ								
ㅋ								
ㄴ								
ㄷ								
ㅌ								
ㄹ								

ㅁ								
ㅂ								
ㅍ								
ㅅ								
ㅈ								
ㅊ								

Примечание: Так как примеры составлены исключительно для практики, среди них могут встречаться малоиспользуемые в реальной жизни выражения.

ㄱ									
ㄴ									
ㄷ									
ㅌ									
ㄹ									

ПРАКТИКА Соедините гласные с начальной согласн ㄲ **ㄲ** ПРОИЗНОШЕНИЕ

야									
요									
오									
이									
유									
어									

(См. таблицу в приложении на стр. 123)

									ПРОИЗНОШЕНИЕ
아									
우									
으									
여									
애									
왜									

									ПРОИЗНОШЕНИЕ
외									
애									
위									
예									
여									
유									

Примечание: Так как примеры составлены исключительно для практики, среди них могут встречаться малоиспользуемые в реальной жизни выражения.

야							
요							
오							
이							
유							
어							

ПРАКТИКА Соедините гласные с начальной согласн ㅉ ㅉ ПРОИЗНОШЕНИЕ

위							
야							
유							
왜							
여							
의							

(См. таблицу в приложении на стр. 123)

Чтобы решить тест, напрягите память!

1 Как произносится эта буква? _____ ?

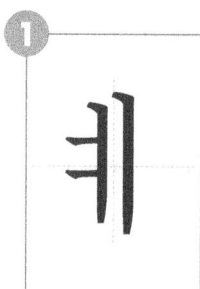

- A. как «е» в слове «меч»
- B. как «во» в слове «волк»
- C. как «ва» в слове «вата»
- D. как 'yes' в англ. 'yes'

6 Сколько штрихов нужно для написания этой буквы?

Сможете написать их порядок на изображении?

- A. **6**   B. **8**
- C. **10**   D. **12**

2 Сколько дифтонгов в корейском алфавите?

- A. **10**   B. **11**
- C. **12**   D. **13**

7 _____ Какая буква произносится как «э»?

- A. ᅦ   B. ᅢ
- C. ᅢ   D. ᅦ

3 Какого порядка букв в слоге не существует?

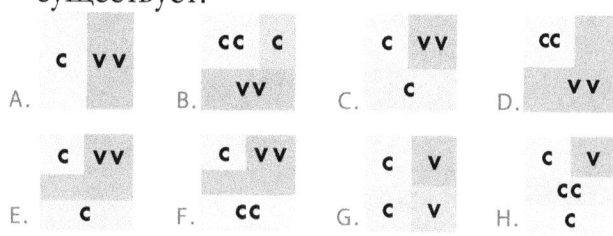

8 Какая из этих удвоенных согласных произносится как «б» в слове «сбоку»?

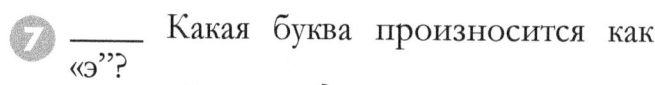

ㄸ ㄲ ㅉ ㅃ

A.   B.   C.   D.

4 Как правильно пишется слово «киви»?

- A. 그외   B. 지위
- C. 키위   D. 끼외

9 Попробуйте перевести слово **컴퓨터**

- A. **комик**   B. **комфорт**
- C. **компьютер**   D. **компания**

5 Как читается эта буква? _____ ?

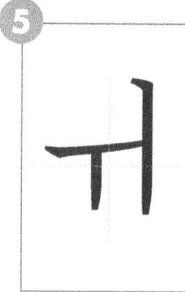

- A. как «ви» в слове «вино»
- B. как «вэ» в слове «вэб-сайт»
- C. как «во» в слове «волк»
- D. как 'we' в англ. "wet"

10

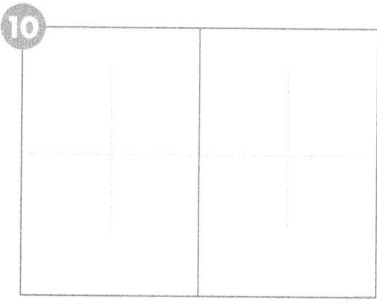

Сможете написать слово «хангыль»?

(См. Ответы на стр. 128)

Часть 5

СОСТАВНЫЕ СОГЛАСНЫЕ И СОГЛАСНЫЕ В КОНЦЕ СЛОГА

받침

СОГЛАСНЫЕ В КОНЦЕ СЛОГА

Мы уже немного говорили о 받침 (падчим) ранее, когда изучали структуру слогов. Это обычные согласные, которые меняют свое произношение, находясь внизу слога. Любой слог, состоящий минимум из 3 букв, может иметь 받침. Согласный в конце слова может содержать одну или две буквы.

받침 — явление, уникальное для корейского языка, его концепцию трудно объяснить через другие языки, поэтому он часто становится одной из самых трудных тем для начинающих. В этой главе мы постараемся объяснить все по-простому.

ОДИНОЧНЫЙ И ДВОЙНОЙ СОГЛАСНЫЙ В КОНЦЕ СЛОГА

Одиночные 받침 выглядят как обычные согласные, но имеют измененное произношение. Две согласные, занимающие нижнее пространство в слоге, называются 겹받침 (двойные конечные согласные).

Согласный в конце слога
(патчим)

겹받침 — это 11 новых сочетаний согласных, которые нужно выучить, снова составленных из базовых букв: ㄳ, ㄵ, ㄶ, ㄺ, ㄻ, ㄼ, ㄽ, ㄾ, ㄿ, ㅀ и ㅄ. В отличие от двойных «парных» согласных, которые мы изучали ранее, эти буквы используются только в нижней части слога и нигде больше.

Двойной согласный в конце слога
(гёпатчим)

> *Говоря простым языком, все* 받침 *произносятся как один из семи базовых звуков, соответствующих семи основными согласными хангыля:* ㄱ, ㄴ, ㄷ, ㄹ, ㅁ, ㅂ и ㅇ *(см. таблицу на стр. 99).*

ВАЖНЫЙ СОВЕТ!

Произношение конечных согласных требует особого внимания и практики. В нашем языке согласные в конце слова часто произносятся с придыханием, т.е. небольшим потоком воздуха, например как «п» в слове «стоп». В корейском языке 받침 не произносятся таким образом. Практикуйтесь в подавлении этого выброса воздуха для более точного произношения 받침.

Сложные согласные в 곁받침 состоят из двух букв, но обычно произносится только одна из них. Это зависит от того, соединен ли слог с другим и начинается ли следующий слог с гласной или согласной.

Когда слово заканчивается или за ним следует слог, начинающийся с согласной, произносится только первый звук для букв ㄳ, ㄵ, ㄶ, ㄿ, ㄽ, ㄾ, ㅀ и ㅄ. Для букв ㄺ, ㄻ и ㄿ произносится второй звук. Запомнить три буквы, где произносится только второй согласный, проще, чем выучить все правила!

Существует еще одно правило, которое применяется ко всем одиночным и двойным 받침, за которыми следует начальная гласная. В таких случаях звуки начинают переходить из одного слога в другой, создавая более плавное звучание и облегчая произношение. Не волнуйтесь — мы изучим это позже!

Это последняя группа букв, которую нужно изучить:

ㄳ ㄳ k	ПРОИЗНОШЕНИЕ Произносится первая буква (ㄱ)
ㄳ	КУРСИВ ㄳ ㄳ ㄳ ㄳ ㄳ ㄳ
	НАПИСАНИЕ гиёк + сиот, три штриха
	ЛЕКСИКА 삯 плата _sags_ 몫 доля _mogs_

ПРАКТИКА   Обведите и нарисуйте эту букву в клетках ниже.

 **n**

ㄴㅈ

ПРОИЗНОШЕНИЕ Произносится первая буква (ㄴ)

КУРСИВ

НАПИСАНИЕ ниын + джиыт, четыре штриха

ЛЕКСИКА **앉다** садиться **앉으세요** присядьте, пожалуйста
anjda *anjeuseyo*

ПРАКТИКА   Обведите и нарисуйте эту букву в клетках ниже.

 **n**

ㄴㅎ

ПРОИЗНОШЕНИЕ Произносится первая буква (ㄴ)

КУРСИВ ㄴㅎ ㄴㅎ ㄴㅎ ㄴㅎ ㄴㅎ ㄴㅎ

НАПИСАНИЕ ниын + хиыт, четыре штриха

ЛЕКСИКА **많다** много
manhda

ПРАКТИКА   Обведите и нарисуйте эту букву в клетках ниже.

ㄺ ㄺ **k**

ПРОИЗНОШЕНИЕ Произносится вторая буква (ㄱ)

ㄺ

КУРСИВ ㄺ ㄺ ㄺ ㄺ ㄺ ㄺ

НАПИСАНИЕ риыль + киёк, четыре штриха

ЛЕКСИКА 읽다 читать   닭이 курицы
ilgda   *dalgi*

ПРАКТИКА   Обведите и нарисуйте эту букву в клетках ниже.

ㄺ	ㄺ	ㄺ				

ㄻ ㄻ **m**

ПРОИЗНОШЕНИЕ Произносится вторая буква (ㅁ)

ㄻ

КУРСИВ ㄻ ㄻ ㄻ ㄻ ㄻ ㄻ

НАПИСАНИЕ риыль + миым, шесть штрихов

ЛЕКСИКА 삶 жизнь   젊다 молодой
salm   *jeolmda*

ПРАКТИКА   Обведите и нарисуйте эту букву в клетках ниже.

ㄻ	ㄻ	ㄻ				

 랩 **1**

ПРОИЗНОШЕНИЕ Произносится первая буква (ㄹ)

랩

КУРСИВ 랩 ㄹㅂ 랩 **랩** 랩 ㄹㅂ

НАПИСАНИЕ риыль + биып, семь штрихов

ЛЕКСИКА **짧은** короткий **넓다** широкий
jjalbeun   *neolbda*

ПРАКТИКА   Обведите и нарисуйте эту букву в клетках ниже.

랩	랩	랩						

 럿 **1**

ПРОИЗНОШЕНИЕ Произносится первая буква (ㄹ)

럿

КУРСИВ 럿 ㄹㅅ 럿 **럿** 럿 ㄹㅅ

НАПИСАНИЕ риыль + сиот, пять штрихов

ЛЕКСИКА **외곬** единственный, исключительный
oegols

ПРАКТИКА   Обведите и нарисуйте эту букву в клетках ниже.

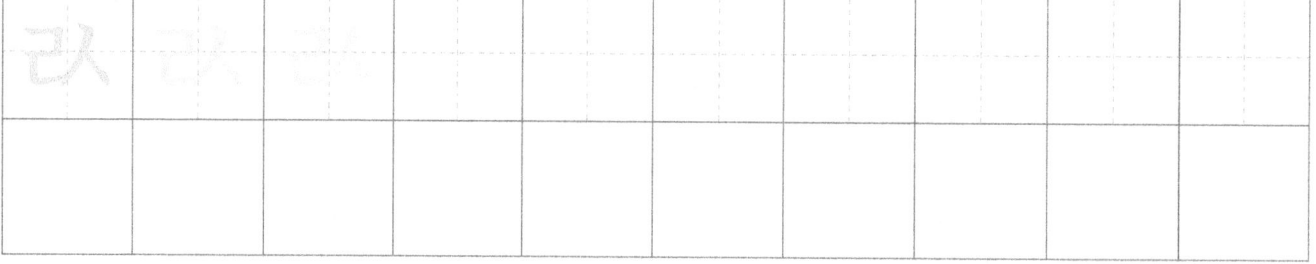

럿	럿	럿						

 ㄹㅌ **1**

ПРОИЗНОШЕНИЕ Произносится первая буква (ㄹ)

ㄹㅌ

КУРСИВ   ㄹㅌ ㄹㅌ ㄹㅌ **ㄹㅌ** *ㄹㅌ* ㄹㅌ

НАПИСАНИЕ риыль + тхиыт, шесть стрихов

ЛЕКСИКА **핥다** лизать
haltda

ПРАКТИКА   Обведите и нарисуйте эту букву в клетках ниже.

ㄹㅌ	ㄹㅌ	ㄹㅌ					

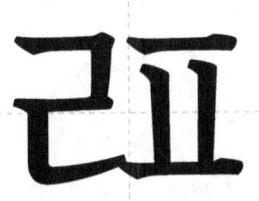 ㄹㅍ **p**

ПРОИЗНОШЕНИЕ Произносится вторая буква (ㄴ)

ㄹㅍ

КУРСИВ   ㄹㅍ ㄹㅍ ㄹㅍ **ㄹㅍ** *ㄹㅍ* ㄹㅍ

НАПИСАНИЕ риыль + пхиып, семь штрихов

ЛЕКСИКА **읊다** читать стихи
eulpda

ПРАКТИКА   Обведите и нарисуйте эту букву в клетках ниже.

ㄹㅍ	ㄹㅍ	ㄹㅍ					

ㄹㅎ ㄹㅎ 1

ПРОИЗНОШЕНИЕ Произносится первая буква (ㄹ)

КУРСИВ ㄹㅎ ㄹㅎ ㄹㅎ **ㄹㅎ** ㄹㅎ ㄹㅎ

НАПИСАНИЕ риыль + хиыт, шесть стрихов

ЛЕКСИКА 끓다 кипеть *kkeulhda*   잃다 терять *ilhda*

ПРАКТИКА   Обведите и нарисуйте эту букву в клетках ниже.

ㄹㅎ	ㄹㅎ						

ㅄ ㅄ p

ПРОИЗНОШЕНИЕ Произносится первая буква (ㅂ)

КУРСИВ ㅄ ㅄ ㅄ **ㅄ** ㅄ ㅄ

НАПИСАНИЕ биып + сиот, шесть стрихов

ЛЕКСИКА 값을 цена *gabseul*   없다 не быть, отсутствовать *eobsda*

ПРАКТИКА   Обведите и нарисуйте эту букву в клетках ниже.

ㅄ	ㅄ						

Build syllable blocks with the letters in the left column

					DESCRIBE THE SOUND
ㄱ + 아 + ㄳ					
ㅁ + 요 + ㄵ					
ㅂ + 우 + ㄶ					
ㄲ + 이 + ㄺ					
ㅍ + 애 + ㄻ					
ㅅ + 에 + ㄼ					
ㅈ + 야 + ㄽ					
ㅃ + 어 + ㄾ					
ㅊ + 유 + ㄿ					
ㅌ + 여 + ㅀ					
ㄹ + 오 + ㅄ					
ㄷ + 애 + ㄵ					
ㅋ + 으 + ㄼ					
ㅆ + 우 + ㄾ					

(See Answers - Page 127)

						ПРОИЗНОШЕНИЕ
ㅍ + 야 + ㄻ						
ㅂ + 애 + ㄼ						
ㄹ + 와 + ㄽ						
ㅈ + 유 + ㄾ						
ㅃ + 야 + ㄿ						
ㄴ + 왜 + ㄲ						
ㅎ + 오 + ㅀ						
ㅂ + 이 + ㅄ						
ㅁ + 위 + ㄳ						
ㄸ + 아 + ㄼ						
ㅅ + 우 + ㄾ						
ㄴ + 워 + ㄵ						
ㅉ + 왜 + ㄶ						
ㄷ + 예 + ㄺ						

ПРАКТИКА Запишите слоги, созданные из букв в левой колонке

ㄱ + 예 + ㄿ						
ㄲ + 와 + ㄼ						
ㅁ + 으 + ㄲ						
ㅋ + 야 + ㄽ						
ㅈ + 애 + ㄾ						
ㅃ + 요 + ㄿ						
ㅊ + 아 + ㄶ						
ㅌ + 유 + ㄾ						
ㅂ + 왜 + ㅄ						
ㅍ + 오 + ㄵ						
ㄹ + 의 + ㄶ						
ㄷ + 이 + ㄺ						
ㅋ + 애 + ㄿ						
ㅎ + 요 + ㄳ						

(См. Ответы на стр. 127)

1

Как в данном случае читается ㄳ?

A. Как «г» в слове «гора»

B. Как «к» в слове «замок»

C. Как «т» в слове «кот»

D. Как «с» в слове «снег»

2 Сколько существует символов 겹받침?

A. **7**   B. **9**

C. **11**   D. **13**

3 Для какого 겹받침 мы произносим вторую букву в конце слова?

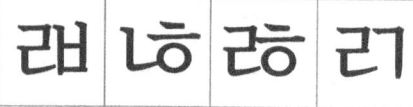

A.   B.   C.   D.

4 Сколько существует возможных вариантов произношения букв в падчиме?

A. **8**   B. **7**

C. **6**   D. **5**

5 외곬

Как в данном случае произносится ㄹ?

A. Как «м» в слове «молоко»

B. Как «с» в слове «снег»

C. Как «л» в слове «лошадь»

D. Беззвучно

6

Как в данном случае произносится ㄺ?

A. Как «г» в слове «гора»

B. Как «к» в слове «замок»

C. Как «л» в слове «лошадь»

D. Как «р» в слове «рама»

7 Выберите правильное произношение слова 맑게:

A. [말께]   B. [마께]

C. [말게]   D. [마게]

8 Если после падчима находится гласная, какой из них будет звучать как «к» в слове «кошка»?

ㄵ   ㄳ   ㅄ   ㄿ

A.   B.   C.   D.

9 Выберите правильное произношение слова 값을:

A. [갓블]   B. [가블]

C. [가쁠]   D. [갑슬]

10 삶에

Как в данном случае произносится ㄹ?

A. Как «м» в слове «молоко»

B. Как «с» в слове «снег»

C. Как «л» в слове «лошадь»

D. Беззвучно

(См. Ответы на стр. 128)

Часть 6

ПРАВИЛА ФОНЕТИЧЕСКИХ ИЗМЕНЕНИЙ

ФОНЕТИЧЕСКИЕ ИЗМЕНЕНИЯ

Корейские слова обычно состоят из более чем одного слога, а предложения, естественно, содержат еще больше слогов. Когда мы начинаем соединять слоги, определенные комбинации букв создают различные звуки, так как наше произношение ускоряется, чтобы сделать разговор плавным. Это постоянно происходит при разговоре на родном языке, и мы даже не задумываемся об этом. Но при изучении языка этот навык приходится осваивать отдельно из-за разницы в буквах, звуках и их комбинациях.

Существует ряд **правил фонетических изменений**, которые необходимо выучить, чтобы сделать речь более естественной. Эти правила описывают изменения, происходящие при комбинации определенных букв и слогов, когда написание слов отличается от их произношения.

На протяжении этой главы мы будем изучать ряд правил изменения звуков. Новичкам эта глава может показаться сложнее, чем предыдущие, где мы просто изучали алфавит. Вы можете вернуться к этому разделу, когда столкнетесь с трудностями в произношении по ходу изучения учебника.

К сожалению, эти правила придется просто запомнить. Эта тема может показаться слишком сложной из-за большого количества правил. Но когда вы поймете, где их использовать, и начнете применять на практике, они помогут сделать произношение естественнее и сделать его похожим на речь носителей языка!

НАПИСАНИЕ И ПРОИЗНОШЕНИЕ

약 & 앾 = *одинаковое произношение* | 짚 & 집 = *одинаковое произношение*

Изучающие русский язык как иностранный постоянно сталкиваются со словами, написание и произношение которых различаются. Например, «кот» и «код»: пишутся по-разному, а произносятся одинаково. Мы различаем их по написанию или через контекст, в котором они используются. Через написание слова можно узнать его происхождение и какой он несет смысл.

АССИМИЛЯЦИЯ

Ассимиляция происходит, когда конечная согласная слога при сочетании с буквой следующего слога изменяет произношение одного или обоих звуков. Когда буквы и слоги находятся отдельно, их произношения следует уже изученным вами правилам произношения букв алфавита. Однако, когда они произносятся вместе, при разговоре на нормальной скорости, звуки ассимилируются.

Некоторые из этих правил общие, другие — довольно конкретные, иногда даже описывающие, как одна конкретная буква должна произноситься в определенной ситуации. Например, вот первое из правил изменения звуков, которые мы рассмотрим в этой главе:

ㄴ + ㄹ **OR** ㄹ + ㄴ = ㄹ + ㄹ

연락 → 열락

Написание   Произношение

잘난 → 잘란

① Когда буквы ㄴ и ㄹ встречаются между слогами, буква ㄴ произносится как звук* ㄹ, создавая **двойной звук Л** (или «лл»). Это происходит в обоих вариантах:

② В то же время, когда две буквы ㄹ встречаются между слогами, они всегда произносятся как **одинарный звук Л.**

В русском языке примером ассимиляции могут служить слова «просьба» и «вход", которые в повседневной речи мы произносим как «проз'ба» и «фход».

В слове «просьба» на месте [с'], которое можно услышать в однокоренном слове «просить», мы произносим [з'], поскольку следом идёт звонкий [б], а слово «вход» начинается с глухого [ф] — в этом «виноват» стоящий далее [х];

**Для этих правил существуют исключения, но мы не будем разбирать их подробно, так как эта книга для начинающих. Например, при встрече ㄴ и ㄹ они становятся ㄴ и ㄴ.

РЕСИЛЛАБАЦИЯ

Ресиллибация — это форма ассимиляции, которая часто встречается в корейском языке и изменяет звучание написанных слов, когда определённые буквы встречаются и взаимодействуют.

① Когда после слога с падчимом следует слог, начинающийся с гласного звука, **согласный из падчима переносится в следующий слог.**

Исключения: Слоги, заканчивающиеся на ㅇ (ng), не изменяются и не переносятся. Если слог заканчивается на ㅎ, звук «х» ослабевает или вообще отбрасывается*.

Слоги, начинающиеся с гласной, имеют ㅇ в начале, эта ㅇ заменяется падчимом предыдущего слога. Для примера рассмотрим корейское слово «музыка» (음악):

옷을 → 오슬	책을 → 채글
앞이 → 아피	질문이 → 질무니
꽃을 → 꼬츨	알았어요 → 아라써요

Вы, возможно, не задумывались об этом раньше, но в русском языке мы тоже используем ресиллабацию при разговоре. Например, фраза [за-фтра-ку-на-сра-на] «Завтрак у нас рано».

---

*Хотя мы можем опускать звуки ㅎ между слогами, если ㅎ встречается с определенными согласными, он может повлиять на произношение следующих согласных, усиливая или добавляя придыхание. Об этом мы поговорим позже!

Для 겹받침 существуют особые правила. Начинающим не обязательно заучивать их сразу, но нужно по крайней мере знать об их существовании. Остальное придет с опытом из применения.

В случае слога с 겹받침, читается только одна буква, это как правило, первая согласная. Это правило чаще всего применяется, когда слог произносится изолированно. Пробежимся по другим правилам:

2 Когда после слога с двойным 받침 следует слог, начинающийся с гласной, произносятся обе согласные. При этом одна буква остается в конце первого слога, а вторая переносится в следующий слог, фактически заменяя букву ○.

написание Произношение

읽어 → 일거

ЗНАЧЕНИЕ: *читать*

값을 → 갑슬

ЗНАЧЕНИЕ: *цена*

삶에 → 살메

ЗНАЧЕНИЕ: *жизнь*

3 Когда слог с 겹받침 находится в конце слова, либо за ним следует слог, начинающийся с согласной, произносится только одна из двух согласных.

В слогах ㄹㅇ, ㄹㅍ, и ㄹㄱ, обычно произносится вторая согласная. В остальных случаях — первая.

Исключение: Если после падчима ㄹㄱ следует слог, начинающийся с ㄱ, а произносится буква ㄹ

넋 → 넉 | 값 → 갑 | 삶 → 삼

Эти правила касаются только произношения слогов и слов. Изменения происходят только в определенных комбинациях букв в конкретных позициях, но не в написании слов.

НАЗАЛИЗАЦИЯ

Это правило ассимиляции, которое управляет сочетаниями букв, произносимыми с носовым звуком. Любые согласные, за которыми следуют буквы с носовыми звуками (ㄴ и ㅁ), преобразуются в носовые звуки.

Для удобства мы составили таблицу с основными фонетическими изменениями. Примеры помогут вам лучше понять, как работает назализация, но главное — больше практиковаться:

Согласгая в падчиме	Начальная буква следующего слога	Назализация падчима	Пример
ㄱ ㅋ ㄲ	+ ㄴ	ㄱ → ㅇ	죽는 → 중는
ㄱ	+ ㅁ	ㄱ → ㅇ	국물 → 궁물
ㅂ ㅍ	+ ㄴ	ㅂ → ㅁ	밥맛 → 밤맛
ㅂ ㅍ	+ ㅁ	ㅂ → ㅁ	앞문 → 암문
ㄷ ㅌ ㅈ ㅊ ㅅ ㅆ ㅎ	+ ㄴ + ㅁ	ㄷ → ㄴ	몇년 → 면년 있는 → 민는 듣는 → 든는

Назализация встречается не только в корейском, но и в русском языке, хотя мы не всегда это замечаем. Если вы будете произносить все буквы по-отдельности, произношение может звучать неестественно и не так, как у носителей языка. Поэтому важно запомнить эти правила!

ПАЛАТАЛИЗАЦИЯ

Это явление в языке, когда определенные комбинации букв создают совершенно новый звук. Оно может показаться непростым, но, к счастью, довольно редко встречается в повседневной корейской речи.

Такие изменения обычно происходят, когда мы быстро произносим отдельные звуки.

Иначе палатализацию можно воспринимать как преобразование твердых согласных в мягкие. В современном русском языке отражается в виде позиционных чередований при словообразовании: рука — ручка, ручной, вручать; друг — дружок, дружно, дружить

Посмотрите на примеры и подумайте, как изменяются соответствующие буквы в вашем родном языке:

① ㄷ+이 → 지

Когда конечная согласная ㄷ встречается с 이, она превращается в звук ㅈ, а беззвучный ㅇ заменяется, образуя слог 지.

굳이 → 구지

해돋이 → 해도지

② ㅌ+이 → 치

Если конечная согласная ㅌ встречается с 이, она превращается в ㅊ, и снова ㅇ заменяется, создавая звук 치.

같이 → 가치

밭이 → 바치

③ ㄷ+히 → 치

Также звук 치 возникает, когда ㄷ встречается с 히, но в этом случае согласную ㅎ мы опускаем, чтобы образовался новый звук.

묻히 → 무치

닫히다 → 다치다

ФОНЕТИЧЕСКИЕ ИЗМЕНЕНИЯ С БУКВОЙ ㅎ

Буква ㅎ ослабляется и часто ее вообще не слышно (особенно для тех, кто не является носителем языка), если она стоит между гласными или после звонких, носовых согласных, таких как ㄴ, ㄹ, ㅁ и ㅇ. По этой причине её иногда ошибочно называют «беззвучной» буквой — может показаться, что она полностью исчезает при быстрой речи корейцев, но её можно услышать при медленном произношении, хотя и очень слабо.

좋아요 → 조아요   공부하다 → 공부아다

(значение: «хороший»)   *(значение: «учиться»)*

Примечание: форма глагола 하다 *часто встречается в корейских словах. Редко можно услышать, чтобы его произносили так, как оно пишется, обычно оно больше похоже на* 이다.

ПРИДЫХАНИЕ

Когда согласные ㄱ, ㄷ, ㅂ и ㅈ встречаются с буквой ㅎ (до или после неё), они становятся придыхательными (ㅋ, ㅌ, ㅍ и ㅊ соответственно). Придыхательные согласные произносятся мягче обычных согласных: их нужно произносить так, словно со звуком выдыхается воздух. Когда они сочетаются с ㅎ (которая сама по себе тоже является придыхательной согласной), придыхание становится сильнее:

Примеры:

①

ㅎ + ㄱ → ㅋ
ㅎ + ㄷ → ㅌ
ㅎ + ㅂ → ㅍ
ㅎ + ㅈ → ㅊ

②

ㄱ + ㅎ → ㅋ
ㄷ + ㅎ → ㅌ
ㅂ + ㅎ → ㅍ
ㅈ + ㅎ → ㅊ

좋고 → 조코
닿다 → 다타
좋지 → 조치
어떻게 → 어떠케
국화 → 구콰
집회 → 지푀
맞히다 → 마치다

УСИЛЕНИЕ ЗВУКОВ

Когда согласные стоят рядом и взаимодействуют друг с другом, это приводит к изменениям, облегчающим произношение. Этот набор правил охватывает широкий спектр фонетических изменений, с множеством закономерностей и исключений. Их не только сложно объяснить, но и очень трудно понять тем, кто изучает корейский язык!

При этом большинство носителей корейского языка не изучают эти правила, они просто усваивают их естественным образом. Уже запутались?

Говоря простым языком, когда слог заканчивается на определенные согласные, а следующий слог начинается с ㄱ, ㄷ, ㅂ, ㅅ или ㅈ, их звук удваивается, становясь напряженным: ㄲ, ㄸ, ㅃ, ㅆ, ㅉ.

Чтобы сделать произношение падчима более коротким, например, ㅂ в конце слова или изолированного слога, необходимо подавить придыхание, которым обычно сопровождаются эти буквы. Чтобы понять это, поднесите руку ко рту и произнесите слова «сток» и «ток» — почувствовали легкий выброс воздуха от «т» в слове «ток», но не в слове «сток»?

Когда мы сталкиваемся с одной из усиленных согласных, мы можем преобразовать накопленную силу от подавления придыхания в падчиме, чтобы усилить звук следующей буквы. Он становится короче, выше по тону, с более взрывным выбросом воздуха.

Примечание: конечная согласная ㅎ усиливает только стоящую в начале следующего слога букву ㅅ, превращая её в звук ㅆ.

РАСПРОСТРАНЕННЫЕ ИСКЛЮЧЕНИЯ

Большинство исключений из правил усваиваются просто через практику чтения, письма и разговора на корейском языке. Поэтому приведем лишь несколько распространенных исключений:

1 Исключение возникает, когда ㅁ или ㅇ в падчиме встречаются с ㄹ в начале слога. В обоих случаях ㄹ заменяется на звук ㄴ.

ㅁ или ㅇ + ㄹ	음력 → 음녁	*лунный календарь*

Другой, менее распространенный случай: согласные ㄱ, ㄷ или ㅂ (+ㄹ) становятся ㅇ, ㄴ и ㅁ (+ㄴ) соответственно, когда находятся рядом с ㄹ.

2 ㅎ произносится как ㄷ в конце слога, но когда она встречается с буквой ㄴ в начале следующего слога, произносится как ㄴ:

ㅎ + ㄴ = ㄴ + ㄴ	닿는 → 단는	*прикасаться, прибывать*

3 Буква ㅅ произносится как ㄷ в конце слога, но ㄷ произносится как ㅌ, когда за ней следует ㅎ. Поэтому, когда за буквой ㅅ следует ㅎ, она претерпевает сразу два изменения звука сразу и произносится как ㅌ:

ㅅ + ㅎ = ㅌ	못하다 > 모타다	*не мочь, быть не в состоянии*

4 Буква ㅅ имеет звук 'ш' в сочетании с гласными 이, 여, 야, 요 и 유, но имеет звук 'с' с гласными 아, 어, 우, 오, 으, 애 или 에:

ㅅ = 's-' OR 'sh-'	샴푸 *шампунь*	사서 *библиотекарь*

УПРОЩЕНИЕ

Произношение падчима может быть упрощено до одного из семи звуков, как показано в таблице ниже:

ㄱ ㅋ ㄲ ㄳ ㄺ	→	ㄱ	как «к» в слове «звук»
ㄴ ㄵ ㄶ	→	ㄴ	как «н» в слове «купон»
ㄷ ㅌ ㅎ ㅅ ㅈ ㅊ ㅆ ㅉ** ㄸ**	→	ㄷ	как «т» в слове «кот»
ㄹ ㄽ ㄼ ㄾ ㅀ	→	ㄹ	как «л» в слове «моль»
ㅁ ㄻ	→	ㅁ	как «м» в слове «гром»
ㅂ ㅍ ㅃ** ㅄ ㄿ	→	ㅂ	как «п» в слове «скрип»
ㅇ	→	ㅇ	как 'ng' в англ. слове "sing"

○ = gyeobbatchim
двойной падчим

◯ = удвоенный согласный

○ = оба

**Эти буквы никогда не используются в конце слога.

«ВТОРЖЕНИЕ» ㄴ

Когда мы слушаем корейскую речь, можно заметить, что звук ㄴ возникает в неожиданных местах. В русском языке слова произносятся с звуками, не соответствующими их написанию, например, «сч» в слове «счастье» становится «щ". Хотя это не совсем то же самое, это может помочь понять, что собой представляет явление 'вторжения ㄴ'!

Это интересное правило, которое, возможно, и не нужно изучать новичкам, но оно встречается в речи и понимать его необходимо. В особых случаях звук ㄴ может появляться и облегчать произношение в ситуациях, которые не охвачены другими правилами. В частности, мы разберем случай, когда он добавляется при произношении некоторых составных слов – *двух слов, соединённых вместе для создания нового значения.*

꽃잎 → 꼰닙

ЗНАЧЕНИЕ: *лепесток*

Это замечательный пример составного слова, которое произносится по этому правилу. Оно было создано из сочетания слов цветок 꽃 и лист 잎.

ㄴ «вторгается» в произношение слов, когда оба слога являются самостоятельными словами, как в приведённом выше примере. У первого слова должен быть падчим (в данном случае буква ㅊ), а второе слово должно начинаться с одной из пяти гласных: ㅣ, ㅑ, ㅕ, ㅛ или ㅠ.

Видно, что написание слова (слева) выглядит совсем не так, как то, как мы его произносим (транскрипция указана справа). В этом примере одновременно работают несколько правил фонетических изменений. Небольшое объяснение:

꽃잎 → 꽃닢 → 꼰닢 → 꼰닙

| Написание | + ㄴ | Назализация | Упрощение |

Примечание: Если последний согласный в слоге – буква ㄹ, дополнительный ㄴ произносится как ㄹ.

Рекомендуем пока сильно не задумываться об этом правиле. Вы — иностранец, и вас прекрасно поймут, даже если вы не будете ему следовать. На самом деле, оно не для новичков!

Часть 7

ПОЛЕЗНЫЕ СЛОВА И ФРАЗЫ

ЧИСЛА

В корейском языке существует две системы чисел, которые используются в повседневной жизни, поэтому нам нужно изучить обе! Первая система называется «китайско-корейская» (сино-корейская), а вторую можно назвать исконно корейской. Обе системы имеют разные области применения в зависимости от ситуации, а иногда используются вместе.

Термин «сино-корейский» описывает аспекты корейского языка, которые либо попали под влияние, либо происходят из Китая. Почти две трети корейской лексики считаются заимствованиями из китайского языка, и они могут быть записаны как с помощью алфавита, так и с ханча (китайские иероглифы).

Системы чисел в корейском языке могут показаться довольно сложными, но обе работают по знакомой логике, и для составления любого числа нам нужно выучить относительно небольшое количество слов.

#	Исконно корейская система		Сино-корейская система	
0	영*	[yeong]	공*	[gong]
1	하나	[ha-na]	일	[il]
2	둘	[dul]	이	[i]
3	셋	[set]	삼	[sam]
4	넷	[net]	사	[sa]
5	다섯	[da-seot]	오	[o]
6	여섯	[yeo seot]	육	[yuk]
7	일곱	[il-gop]	칠	[chil]
8	여덟	[yeo-deol]	팔	[pal]
9	아홉	[a-hop]	구	[gu]
10	열	[yeol]	십	[sip]

Основные принципы двух систем:

Сино-корейская

> Время (Только минуты) > Деньги
> Адреса > Даты
> Телефонные номера > Измерения
> Спорт / счет > ...и др.

Исконно корейская

> Время (только часы) > Последовательность
> Количество людей > Возраст
> Количество объектов

Примечание:

Исконно корейские числа заканчиваются на 99, начиная со 100 применяются сино-китайские

В роли прилагательных исконно корейские числа могут принимать немного другие формы, однако слова из таблицы подходят почти в любому контексту.

Оба варианта нуля происходят из ханча, китайских иероглифов. Для сино-корейского чаще всего используется 공.

Корейские числа довольно легко выучить! Нужно запомнить числа от 1 до 10, а большие числа получаются путем сложения названия десятка (сотни, тысячи) и названия однозначного числа. Между числами 19 и 100 нет составных слов, таких как «двадцать» или «тридцать», вместо используется «два-десять» или «три-десять». Иными словами, цифры перед большими числами умножаются, а последующие добавляются.

2	이	*два*
12	십이	*десять--два*
20	이십	*два--десять*
22	이십이	*два-десять--два*
200	이백	*два--сто*
202	이백이	*два--сто --------------------два*
212	이백십이	*два--сто ----------десять--два*
220	이백이십	*два--сто----------два--десять*
222	이백이십이	*два--сто ----два--десять--два*

10	십
100	백
1,000	천
10,000	만
100,000	십만
1,000,000	백만
10,000,000	천만

...большие числа считаются разрядами 10,000

Круглые числа от 100 и выше могут быть выражены двумя способами: либо как 일백 «один сто», либо, что более распространено, просто 백 «сто». То же самое касается 일천 «один тысяча» и 천 «тысяча» — они взаимозаменяемы.

Исконно корейские числа заканчиваются на 99 и работают немного иначе.

Нам нужно выучить уникальные слова для каждого множителя 10, в дополнение к числам от одного до девяти. Эти числа складываются, как в примерах в таблице справа, где показано число 둘 (2).

10	열	>	12	열둘
20	스물	>	22	스물둘
30	서른	>	32	서른둘
40	마흔	>	40	마흔둘
50	쉰	>	52	쉰둘
60	예순	>	62	예순둘
70	일흔	>	70	일흔둘
80	여든	>	82	여든둘
90	아흔	>	92	아흔둘

Напишите исконно корейские числа в клетках ниже:

1	하	나							
2	둘								
3	셋								
4	넷								
5	다	섯							
6	여	섯							
7	일	곱							
8	여	덟							
9	아	홉							
10	열								
12	열	둘							
15	열	다	섯						
18	열	여	덟						
19	열	아	홉						

Напишите исконно корейские числа в клетках ниже:

20	스	물								
30	서	른								
40	마	흔								
50	쉰									
60	예	순								
70	일	흔								
80	여	든								
90	아	흔								
24	스	물	넷							
57	쉰	일	곱							
61	예	순	하	나						
73	일	흔	셋							
86	여	든	여	섯						
92	아	흔	둘							

Напишите китайско-корейские числа в клетках ниже:

0	공										
1	일										
2	이										
3	삼										
4	사										
5	오										
6	육										
7	칠										
8	팔										
9	구										
10	십										
100	백										
1,000	천										
10,000	만										

11	공	일								
19	십	구								
23	이	십	삼							
77	칠	십	칠							
125	백	이	십	오						
199	백	구	십	구						
201	이	백	일							
358	삼	백	오	십	팔					
540	오	백	사	십						
999	구	백	구	십	구					
1001	천	일								
2054	이	천	오	십	사					
9,999	구	천	구	백	구	십	구			

ДНИ И МЕСЯЦЫ

Дни недели на корейском языке имеют названия сино-корейского происхождения, представляющие собой пять природных элементов (из китайской культуры) и два небесных тела (солнце и луна). Месяцы календаря также используют сино-корейские названия, хотя они следуют числовой системе, которую мы только что изучили.

Формат записи даты в корейском довольно знаком. Если бы вы записали свою дату рождения, она бы выглядела так: YYYY년 MM월 DD일. Число для года можно сокращать до двух цифр. Если вы сможете выучить сино-корейские числа и слова для лет, дней и месяцев, вы легко сможете записать любую дату. Например, День корейского алфавита приходится на 9 октября: 10월 9일 или 시월 구일.

Примечание: 일 означает «день» в данном контексте, но при использовании отдельно может означать «работа». Вторая часть названия каждого дня, 요일, может быть сокращена до первого слога.

К тому же, символы в начале каждого названия не обязательно используются в других контекстах для того же значения. Например, «солнце» на корейском это 태양, а не 일.

Совет: В английском языке название дня недели заканчивается «-day», а в корейских - «-요일».

ПОНЕДЕЛЬНИК 월 ЛУНА	월	요	일					
ВТОРНИК 화 ОГОНЬ	화	요	일					
СРЕДА 수 ВОДА	수	요	일					
ЧЕТВЕРГ 목 ДЕРЕВО	목	요	일					
ПЯТНИЦА 금 ЗОЛОТО	금	요	일					
СУББОТА 토 ЗЕМЛЯ	토	요	일					
ВОСКРЕСЕНЬЕ 일 СОЛНЦЕ / ДЕНЬ	일	요	일					

Названия месяцев — это просто сино-корейские числа с добавлением слова 월 (воль), что означает «месяц». Например, 1월 — это январь, 2월 — февраль и так далее. Два исключения (отмечены *) имеют небольшие изменения для облегчения произношения: июнь — 유월 (юволь), а не 육월 (юкволь), и октябрь — 시월 (сиволь), а не 십월 (щибволь).

Месяц											
ЯНВАРЬ 1월	일	월									
ФЕВРАЛЬ 2월	이	월									
МАРТ 3월	삼	월									
АПРЕЛЬ 4월	사	월									
МАЙ 5월	오	월									
ИЮНЬ* 6월	유	월									
ИЮЛЬ 7월	칠	월									
АВГУСТ 8월	팔	월									
СЕНТЯБРЬ 9월	구	월									
ОКТЯБРЬ * 10월	시	월									
НОЯБРЬ 11월	십	일	월								
ДЕКАБРЬ 12월	십	이	월								

ЦВЕТА

После изучения алфавита, чисел и дат простым следующим шагом в изучении любого нового языка обычно является освоение слов для обозначения цветов.

Слова в следующих списках могут использоваться как имена прилагательные и существительные. Можно заметить, что все они оканчиваются на 색 (сэк) — сокращённая версия 색깔 (сэккаль), что означает «цвет». Мы используем слово 색, когда говорим о конкретном цвете, но когда эти слова используются как прилагательные, это окончание может быть опущено. Такие цвета отмечены *.

Напишите цветов в клетках ниже:

КРАСНЫЙ *	빨	간	색					
ОРАНЖЕВЫЙ	주	황	색					
ЖЕЛТЫЙ *	노	란	색					
ЗЕЛЕНЫЙ	초	록	색					
СИНИЙ *	파	란	색					
ФИОЛЕТОВЫЙ	보	라	색					
РОЗОВЫЙ	분	홍	색					
БЕЛЫЙ *	하	얀	색					
ЧЕРНЫЙ *	검	정	색					
СЕРЫЙ	회	색						

ЗОЛОТОЙ	금	색						
СЕРЕБРЯНЫЙ	은	색						
БРОНЗОВЫЙ	청	동	색					
КОРИЧНЕВЫЙ	갈	색						
ТЕМНО-СИНИЙ	곤	색						
ГОЛУБОЙ	하	늘	색					
ТЕМНО-ЗЕЛЕНЫЙ	초	록						
СВЕТЛО-ЗЕЛЕНЫЙ	연	두	색					
БИРЮЗОВЫЙ	청	록	색					
СВЕТЛО-КОРИЧНЕВЫЙ	황	갈	색					
НЕФРИТОВЫЙ	비	취	색					
БЕЖЕВЫЙ	베	이	지	색				
ПЕРСИКОВЫЙ	복	숭	아	색				
РАДУЖНЫЙ	무	지	개	색				

СПИСКИ С ЛЕКСИКОЙ

Следующие страницы содержат подборку списков с базовой лексикой, разделенной по темам. Новички в изучении корейского языка часто недооценивают важность запоминания лексики. Помимо освоения алфавита, хорошее знание повседневных слов будет весьма полезным, когда вы перейдете на более продвинутые уровни. Важно помнить, что хороший словарный запас необходим для изучения грамматики и составления предложений. Вы можете создавать собственные списки с этими словами. Повторение и персональная организация материала помогают значительно улучшить процесс запоминания новых слов. *В конце учебника есть дополнительные страницы с клетками для практики письма. Вы также можете сделать их копию для личного использования.*

ЕДА 음식 И ПИТАНИЕ 먹기

식사	еда	접시	блюдце
아침(식사)	завтрак	그릇	миска
점심(식사)	обед	냄비	кастрюля
저녁(식사)	ужин	탁자	стол
과자	снэк	음료수	напиток
고기	мясо	물	вода
돼지고기	свинина	콜라	кола
소고기	говядина	맥주	пиво
닭고기	курица	사이다	сидр
해물	морепродукты	켄	банка
재료	ингредиенты	병	бутылка
김치	кимчи	우유	молоко
반찬	закуска	냉면	холодная лапша
식당	ресторан	밥	рис
메뉴	меню	볶음밥	жареный рис
젓가락	палочки для еды	만두	пельмени
칼	нож	어묵	омук
포크	вилка	전	блины
숟가락	ложка		
도마	разделочная доска		

ФРУКТЫ 과일 И ОВОЩИ 채소

사과	яблоко	바나나	банан
오렌지	апельсин	파파야	папайя
귤	мандарин	마늘	чеснок
승도보숭아	нектарин	양파	лук
포도	виноград	당근	морковь
배	груша	감자	картофель
멜론	дыня	고구마	батат
수박	арбуз	브로콜리	брокколи
레몬	лимон	버섯	грибы
라임	лайм	양배추	капуста
딸기	клубника	완두콩	горошек
산딸기	малина	옥수수	кукуруза
블루베리	черника	부추	лук-порей
블랙베리	ежевика	순무	репа
크랜베리	клюква	호박	тыква
체리	вишня	토마토	помидор
복숭아	персик	상추	латук
살구	абрикос	오이	огурец
자두	слива	피망	болгарский перец
키위	киви	셀러리	сельдерей
망고	манго	아보카도	авокадо
파인애플	ананас	샐러드	салат
자몽	грейпфрут	올리브	оливки
석류	гранат	애호박	цуккини
코코넛	кокос	껍질콩	зеленая фасоль
피타야	драконий фрукт	무	редька
두리안	дуриан	견과	орех
대추	финик	아몬드	миндаль
금귤	кумкват	땅콩	арахис

식료품	бакалея	사다	покупать
가게	магазин/лавка	바지	брюки
약국	аптека	청바지	джинсы
빵집	булочная	모자	шляпа
열림 / 닫힘	открыто/закрыто	반바지	шорты
슈퍼마켓	супермаркет	치마	юбка
쇼핑센터	торговый центр	양말	носки
백화점	универмаг	신발	туфли
(전통)시장	(традиционный) рынок	원피스	платье
편의점	магазин у дома	운동화	кроссовки
서점	круглосуточный магазин	양복	костюм
꽃집	цветочный магазин	안경	очки
영업시간	часы работы	셔츠	рубашка
돈	деньги	하이힐	туфли на каблуках
현금	наличные	티셔츠	футболка
신용 카드	кредитная карта	재킷	куртка
체크 카드	дебетовая карта	드레스	платье
할인	скидка	파자마	пижама
반값	половина цены	브라	бюстгальтер
싸다	дешевый	팬티	нижнее белье
저렴하다	недорогой	코트	пальто
가격표	ценник	구두	официальные туфли
기념품	сувениры		
보증서	гарантия		
환불	возврат		
교환	обмен		
영수증	чек		
세금	налоги		
쿠폰	купон		

기온	температура	맑다	ясный
여름	лето	쌀쌀하다	холодный
겨울	зима	영하	ниже нуля
가을	осень	영상	выше нуля
봄	весна	기후	климат
하늘	небо	국내 여행	местная поездка
구름	облака	해외 여행	поездка за границу
이슬비	морось	비행기	самолет
눈바람	метель	공항	аэропорт
비	дождь	해외	зарубежная страна
눈	снег	버스	автобус
번개	молния	버스 정류장	автобусная остановка
천둥	гром	역	вокзал
소나기	ливень	버스 정류장	автобусная станция
태풍	тайфун	여권	паспорт
우산	зонт	지하철	метро
비옷	дождевик	택시	такси
장마	сезон дождей	입장시간	время открытия
해	солнце	마감시간	время закрытия
가뭄	засуха	숙소	жилье
자외선	ультрафиолетовые лучи	짐	багаж
해변	пляж	지도	карта
바다	океан	관광 가이드	туристический гид
에어컨	кондиционер	표	билет
공기	воздух	다리	мост
바람	ветер	바다	море
폭염	жара	등대	маяк
건조하다	сухой	해변	пляж
습하다	влажный	산	гора

ДОМ 집 И ДОМОВОДСТВО 가정

아파트	квартира	티비	ТВ
방	комната	텔레비전	телевизор
바닥	пол	소파	диван
천장	потолок	의자	стул
일층	первый этаж	탁자	стол
지하실	подвал	식탁	обеденный стол
다락방	чердак	책장	книжная полка
계단	лестница	라디오	радио
정원	сад	그림	картина
창문	окно	페인팅	картина (красками)
식물	растение	침실	спальня
화분	цветочный горшок	침대	кровать
주방 / 부엌	кухня	베개	подушка
싱크대	раковина (кухня)	자명종	будильник
세탁기	стиральная машина	옷장	шкаф для одежды
마이크로웨이브	микроволновая печь	깔개	ковер
냉장고	холодильник	램프	лампа
냉동고	морозильник	전구	лампочка
난로	плита	거울	зеркало
식기세척기	посудомоечная машина	포스터	плакат
오븐	духовка	책상	письменный стол
주전자	чайник	컴퓨터	компьютер
토스터	тостер	화장실	ванная
컵	чашка	변기	унитаз
벽장	стенной шкаф	샤워	душ
후라이팬	сковорода	욕조	ванна
냄비	кастрюля	싱크	раковина
거실	гостиная	약상자	аптечка
가구	мебель		

ТЕЛО 몸

머리	голова	가슴	грудь
이마	лоб	등	спина
눈	глаз	허리	талия
귀	ухо	배꼽	пупок
귓불	мочка уха	다리	нога
코	нос	허벅지	бедро
입	рот	무릎	колено
입술	губы	종아리	теленок
혀	язык	발	стопа
볼/뺨	щека	발목	лодыжка
이/치아	зуб/зубы	발톱	ноготь на пальце ноги
턱	подбородок	발꿈치	пятка
목	шея	발바닥	подошва ноги
목구멍	горло	발가락	палец ноги
어깨	плечо	근육	мышца
쇄골	ключица	뼈	кость
팔	рука	심장	сердце
팔목	запястье	피 / 혈액	кровь
팔꿈치	локоть	위	желудок
손	рука	머리카락	волосы
손바닥	ладонь	수염	волосы на лице
주먹	кулак	콧수염	усы
손가락	палец	눈썹	бровь
엄지손가락	большой палец	얼굴	лицо
집게손가락	указательный палец	피부	кожа
약지	безымянный палец	점	пятно
손톱	ноготь	보조개	ямочка
중지	средний палец	여드름	прыщ
새끼 손가락	мизинец	주근깨	веснушка

메시지	сообщение	로그인	вход в систему
지도	карта	비밀번호	пароль
카메라	камера	선택	выбрать
사진	фото	복사	копировать
갤러리	галерея	붙여넣기	вставить
시계	часы	이동	переместить
미리알림	напоминание	지르기	обрезать
캘린더	календарь	이름 변경	переименовать
주소록	контакты	계속	продолжить
계산기	калькулятор	취소	отменить
음악	музыка	입력	ввод
소리	звук	수신함	входящие
방해금지 모드	не беспокоить	오전	до обеда (A.M.)
제어 센터	режим	오후	после обеда (P.M.)
에어플레인	центр управления	좋아하다	нравится
모드	режим полета	팔로워	подписчики
알림	уведомление	페이지	страница
(홈)화면	(домашний) экран	활동	активность
잠그화면	экран блокировки	새 포스트	новый пост
설정	настройки	리블로그하다	репост
와이파이	Wi-Fi	임시 저장	черновики
개인용 핫스팟	точка доступа	답하기	ответить
이동통신사	мобильная сеть	위치	местоположение
셀룰러	сотовая связь	익명으로	анонимно
모바일 데이터	мобильные данные	배터리 전원 부족	низкий заряд
전원 끄기	выключить питание		батареи
번역	переводчик		
앱	приложение		
메모리	память		

직장	рабочее место		바텐더	бармен
경력	карьера		전기기사	электрик
이력서	резюме		경찰	полицейский
면접	собеседование		소방관	пожарный
고용주	работодатель		배관공	сантехник
연봉	годовая зарплата		어부	рыбак
월급	ежемесячная зарплата		정육점	мясник
동료	коллега		목수	плотник
회의	собрание		건축가	архитектор
출장	командировка		조종사	пилот
퇴직자	пенсионер		약사	фармацевт
선생님	учитель		점원	продавец
교수님	профессор		정원사	садовник
연구원	исследователь		수의사	ветеринар
학생	студент		미용사	парикмахер
간호사	медсестра		운동선수	спортсмен
치과의사	стоматолог		노동자	рабочий
의사	врач		수리 기사	техник по ремонту
군인	солдат		사진사	фотограф
요리사	повар		프로그래머	программист
변호사	юрист		가수	певец
비사	секретарь		배우	актер
은행가	банкир		사무원	офисный работник
작가	писатель		농장주/농부	фермер
기자	журналист		택시기사	водитель такси
엔지니어	инженер		기술자	техник
과학자	ученый		보모	няня
디자이너	дизайнер		예술가	художник
정비사	механик		회계사	бухгалтер

ЖИВОТНЫЕ 동물 И НАСЕКОМЫЕ 벌레

애완동물	домашнее животное	오리	утка
개	собака	비둘기	голубь
강아지	щенок	거위	гусь
고양이	кошка	독수리	орел
새	птица	뱀	змея
물고기	рыба	북극곰	белый медведь
코끼리	слон	캥거루	кенгуру
사자	лев	돌고래	дельфин
호랑이	тигр	상어	акула
곰	медведь	오징어	кальмар
기린	жираф	문어	осьминог
얼룩말	зебра	게	краб
고릴라	горилла	장어	угорь
원숭이	обезьяна	나비	бабочка
판다	панда	다람쥐	белка
하마	бегемот	오소리	барсук
코뿔소	носорог	토끼	кролик
고래	кит	햄스터	хомяк
거북이	черепаха	기니피그	морская свинка
악어	крокодил	개구리	лягушка
거미	паук	늑대	волк
벌	пчела	사슴	олень
개미	муравей	여우	лиса
소	корова	칠면조	индюк
염소	коза	도마뱀	ящерица
양	овца	표범	леопард
말	лошадь	치타	гепард
돼지	свинья	펭귄	пингвин
앵무새	попугай	침팬지	шимпанзе

가족	семья
아이들	дети
아들	сын
딸	дочь
아이	ребенок
부모(님)	родители
어머니	мать (формально)
어머님	мать (уважительно)
엄마	мать (неформально)
아버지	отец (формально)
아버님	отец (уважительно)
아빠	отец (неформально)
조부모(님)	дедушки и бабушки
할아버지	дедушка
할아버님	дедушка (уважительно)
할머니	бабушка
할머님	бабушка (уважительно)
배우자	супруг
남편	муж
아내	жена
형제자매	братья и сестры
형제	братья
자매	сестры
누나	старшая сестра (для мужчин)
형	старший брат (для мужчин)
언니	старшая сестра (для женщин)
오빠	старший брат (для женщин)
여동생	младшая сестра
남동생	младший брат

여행	путешествия
외국어	иностранный язык
요리	кулинария
독서	чтение
운동	физическая культура
독서	чтение книг
영화 감상	просмотр фильмов
비디오 게임	видеоигры
스포츠	спорт
축구	футбольный
야구	бейсбол
농구	баскетбол
수영	плавание
조깅	бег трусцой
테니스	теннис
골프	гольф
스키	лыжи
미식축구	футбол
배구	волейбол
태권도	тхэквондо
등산	поход
달리기	бег
춤	танцы
가요	K-pop
미술	изобразительное искусство
낮잠	вздремнуть
휴가	отпуск
문화	культура
수다	разговор

Чтобы решить тест, напрягите память!

①

사	
구	
이	
칠	

②

8	
3	
5	
1	

③

이십삼	
육십구	
십육	
삼십팔	

④ Какая примерная часть корейской лексики происходит из китайского языка?

A. **Вся**   B. **1/3**

C. **2/3**   D. **Половина**   _____

⑤ Как по-корейски будет «Понедельник», названный в честь луны?

A. **화요일**   B. **목요일**

C. **일요일**   D. **월요일**   _____

⑥ Как по-корейски будет «Ноябрь»?

A. **십일월**   B. **삼이월**

C. **십이월**   D. **삼일월**   _____

⑦ Какой это цвет **파란색** ?

A. **синий**   B. **желтый**

C. **черный**   D. **зеленый**

E. **белый**   F. **красный**   _____

⑧

사백십육	
팔백십이	
삼백이십일	

⑨

540	
199	
704	

(См. Ответы на стр. 128)

Часть 8

ПРИЛОЖЕНИЕ И ОТВЕТЫ

	ㅏ a	ㅑ ya	ㅓ eo	ㅕ yeo	ㅗ o	ㅛ yo	ㅜ u	ㅠ yu	ㅡ eu	ㅣ i
ㄱ g	가 ga	갸 gya	거 geo	겨 gyeo	고 go	교 gyo	구 gu	규 gyu	그 geu	기 gi
ㅋ k	카 ka	캬 kya	커 keo	켜 kyeo	코 ko	쿄 kyo	쿠 ku	큐 kyu	크 keu	키 ki
ㄴ n	나 na	냐 nya	너 neo	녀 nyeo	노 no	뇨 nyo	누 nu	뉴 nyu	느 neu	니 ni
ㄷ d	다 da	댜 dya	더 deo	뎌 dyeo	도 do	됴 dyo	두 du	듀 dyu	드 deu	디 di
ㅌ t	타 ta	탸 tya	터 teo	텨 tyeo	토 to	툐 tyo	투 tu	튜 tyu	트 teu	티 ti
ㄹ r/l	라 ra	랴 rya	러 reo	려 ryeo	로 ro	료 ryo	루 ru	류 ryu	르 reu	리 ri
ㅁ m	마 ma	먀 mya	머 meo	며 myeo	모 mo	묘 myo	무 mu	뮤 myu	므 meu	미 mi
ㅂ b	바 ba	뱌 bya	버 beo	벼 byeo	보 bo	뵤 byo	부 bu	뷰 byu	브 beu	비 bi
ㅍ p	파 pa	퍄 pya	퍼 peo	펴 pyeo	포 po	표 pyo	푸 pu	퓨 pyu	프 peu	피 pi
ㅅ s	사 sa	샤 sya	서 seo	셔 syeo	소 so	쇼 syo	수 su	슈 syu	스 seu	시 si
ㅈ j	자 ja	쟈 jya	저 jeo	져 jyeo	조 jo	죠 jyo	주 ju	쥬 jyu	즈 jeu	지 ji
ㅊ ch	차 cha	챠 chya	처 cheo	쳐 chyeo	초 cho	쵸 chyo	추 chu	츄 chyu	츠 cheu	치 chi
ㅇ ng	아 a	야 ya	어 eo	여 yeo	오 o	요 yo	우 u	유 yu	으 eu	이 i
ㅎ h	하 ha	햐 hya	허 heo	혀 hyeo	호 ho	효 hyo	후 hu	휴 hyu	흐 heu	히 hi

	ㅐ ae	ㅒ yae	ㅔ e	ㅖ ye	ㅚ oe	ㅘ wa	ㅙ wae	ㅟ wi	ㅝ wo	ㅞ we	ㅢ ui
ㄱ g	개 gae	걔 gyae	게 ge	계 gye	괴 goe	과 gwa	괘 gwae	귀 gwi	궈 gwo	궤 gwe	긔 gui
ㅋ k	캐 kae	컈 kyae	케 ke	켸 kye	쾨 koe	콰 kaw	쾌 kwae	퀴 kwi	쿼 kwo	퀘 kwe	킈 kui
ㄴ n	내 nae	냬 nyae	네 ne	녜 nye	뇌 noe	놔 nwa	놰 nwae	뉘 nwi	눠 nwo	눼 nwe	늬 nui
ㄷ d	대 dae	댸 dyae	데 de	뎨 dye	되 doe	돠 dwa	돼 dwae	뒤 dwi	둬 dwo	뒈 dwe	듸 dui
ㅌ t	태 tae	턔 tyae	테 te	톄 tye	퇴 toe	톼 twa	퇘 twae	튀 twi	퉈 two	퉤 twe	틔 tui
ㄹ r/l	래 rae	럐 ryae	레 re	례 rye	뢰 roe	롸 rwa	뢔 rwae	뤼 rwi	뤄 rwo	뤠 rwe	릐 rui
ㅁ m	매 mae	먜 myae	메 me	몌 mye	뫼 moe	뫄 mwa	뫠 mwae	뮈 mwi	뭐 mwo	뭬 mwe	믜 mui
ㅂ b	배 bae	뱨 byae	베 be	볘 bye	뵈 boe	봐 bwa	봬 bwae	뷔 bwi	붜 bwo	붸 bwe	븨 bui
ㅍ p	패 pae	퍠 pyae	페 pe	폐 pye	푀 poe	퐈 pwa	퐤 pwae	퓌 pwi	풔 pwo	풰 pwe	픠 pui
ㅅ s	새 sae	섀 syae	세 se	셰 sye	쇠 soe	솨 swa	쇄 swae	쉬 swi	숴 swo	쉐 swe	싀 sui
ㅈ j	재 jae	쟤 jyae	제 je	졔 jye	죄 joe	좌 jwa	좨 jwae	쥐 jwi	줘 jwo	줴 jwe	즤 jui
ㅊ ch	채 chae	챼 chyae	체 che	쳬 chye	최 choe	촤 chwa	쵀 chwae	취 chwi	춰 chwo	췌 chwe	츼 chui
ㅇ - ng	애 ae	얘 yae	에 eo	예 ye	외 oe	와 wa	왜 wae	위 wi	워 wo	웨 we	의 ui
ㅎ h	해 hae	햬 hyae	헤 he	혜 hye	회 hoe	화 hwa	홰 hwae	휘 hwi	훠 hwo	훼 hwe	희 hui

		ㅐ ae	ㅒ yae	ㅔ e	ㅖ ye	ㅚ oe	ㅘ wa	ㅙ wae	ㅟ wi	ㅝ wo	ㅞ we	ㅢ ui
ㄲ	gg	깨 ggae	꺠 ggyae	께 gge	꼐 ggye	꾀 ggoe	꽈 ggwa	꽤 ggwae	뀌 ggi	꿔 ggwo	꿰 ggwe	끠 ggui
ㄸ	dd	때 ddae	떄 ddyae	떼 dde	뗴 ddye	뙤 ddoe	똬 ddaw	뙈 ddwae	뛰 ddi	뚸 ddwo	뛔 ddwe	띄 ddui
ㅃ	bb	빼 bbae	뺴 bbyae	뻬 bbe	뼤 bbye	뾔 bboe	뽜 bbwa	뽸 bbwae	쀠 bbi	뿨 bbwo	쀄 bbwe	쁴 bbui
ㅆ	ss	쌔 ssae	썌 ssyae	쎄 sse	쎼 ssye	쐬 ssoe	쏴 sswa	쐐 sswae	쒸 ssi	쒀 sswo	쒜 sswe	씌 ssui
ㅉ	jj	째 jjae	쨰 jjyae	쩨 jje	쪠 jjye	쬐 jjoe	쫘 jjwa	쫴 jjwae	쮜 jji	쭤 jjwo	쮀 jjwe	쯰 jjui

Запоминать каждый возможный символ нет необходимости, достаточно выучить базовые буквы хангыля и их написание, чтобы уметь читать и писать любые комбинации.

Примечание: Теоретически существует сотни тысяч возможных слоговых комбинаций, но многие из них редко используются в повседневной корейской речи. А некоторые вообще никогда не встречаются!

		ㅏ a	ㅑ ya	ㅓ eo	ㅕ yeo	ㅗ o	ㅛ yo	ㅜ u	ㅠ yu	ㅡ eu	ㅣ i
ㄲ	gg	까 gga	꺄 ggya	꺼 ggeo	껴 ggyeo	꼬 ggo	꾜 ggyo	꾸 ggu	뀨 ggyu	끄 ggeu	끼 ggi
ㄸ	dd	따 dda	땨 ddya	떠 ddeo	뗘 ddyeo	또 ddo	뚀 ddyo	뚜 ddu	뜌 ddyu	뜨 ddeu	띠 ddi
ㅃ	bb	빠 bba	뺘 bbya	뻐 bbeo	뼈 bbyeo	뽀 bbo	뾰 bbyo	뿌 bbu	쀼 bbyu	쁘 bbeu	삐 bbi
ㅆ	ss	싸 ssa	쌰 ssya	써 sseo	쎠 ssyeo	쏘 sso	쑈 ssyo	쑤 ssu	쓔 ssyu	쓰 sseu	씨 ssi
ㅉ	jj	짜 jja	쨔 jjya	쩌 jjeo	쪄 jjyeo	쪼 jjo	쬬 jjyo	쭈 jju	쮸 jjyu	쯔 jjeu	찌 jji

ПРАКТИКА СЛОГООБРАЗОВАНИЯ

СТР. 87-89

ㄱ	아	ㄳ	갃	ㅍ	야	ㄻ	퍎	ㄱ	예	ㄻ	곎
ㅁ	요	ㄵ	묝	ㅂ	애	ㄼ	뱲	ㄲ	와	ㄼ	꽓
ㅂ	우	ㄶ	붆	ㄹ	와	ㄽ	뢊	ㅁ	으	ㄲ	믂
ㄲ	이	ㄺ	끩	ㅈ	유	ㄾ	쥺	ㅋ	야	ㄽ	캾
ㅍ	애	ㄻ	팲	ㅃ	야	ㄿ	뺦	ㅈ	애	ㄾ	잺
ㅅ	에	ㄼ	셻	ㄴ	왜	ㄲ	놲	ㅃ	요	ㄿ	뾆
ㅈ	야	ㄳ	쟋	ㅎ	오	ㅀ	홇	ㅊ	아	ㅀ	찷
ㅃ	어	ㄾ	뻝	ㅂ	이	ㅄ	빖	ㅌ	유	ㄾ	튵
ㅊ	유	ㄿ	츂	ㅁ	위	ㄳ	뮋	ㅂ	왜	ㅄ	봾
ㅌ	여	ㅀ	텷	ㄸ	아	ㄼ	땳	ㅍ	오	ㄵ	폱
ㄹ	오	ㅄ	롮	ㅅ	우	ㄾ	숦	ㄹ	의	ㄶ	릖
ㄷ	애	ㄵ	댅	ㄴ	워	ㄵ	눥	ㄷ	이	ㄺ	딹
ㅋ	으	ㄼ	큷	ㅉ	왜	ㄶ	쫽	ㅋ	애	ㄻ	캶
ㅆ	우	ㄾ	쑳	ㄷ	예	ㄺ	뎱	ㅎ	요	ㄳ	횻

ОТВЕТЫ

ПРОВЕРКА ЗНАНИЙ A СТР. 48

1. **A**
the 'g' in gum

2. **B** 피

3. **D** ㅇ

4. **C** ㅈ

5. **C** 3

6. **B** 4

7. **C** ㅣ

8. **A** **C** **F** **G**

9. **B** ㄷ

10. **D** Как «г» в слове «гора»

ПРОВЕРКА ЗНАНИЙ B СТР. 78

1. **D**
как 'yes' в англ. 'yes'

2. **B** 11

3. **B** **G** **H**

4. **C** 키위

5. **A**
как «ви» в слове «вино»

6. **A** 6

7. **B** ㅐ

8. **D** ㅃ

9. **C**
компьютер

10. 한글

ПРОВЕРКА ЗНАНИЙ C СТР. 90

1. **B**
Как «к» в слове «замок»

2. **C** 11

3. **D** ㄹㄱ

4. **B** 7

5. **C**
Как «л» в слове «лошадь»

6. **B**
Как «к» в слове «замок»

7. **A** [말께]

8. **B** ㄱㅅ

9. **D** [갑슬]

10. **C**
Как «л» в слове «лошадь»

ПРОВЕРКА ЗНАНИЙ D СТР. 122

1. 4 = 사
9 = 구
2 = 이
7 = 칠

2. 8 = 팔
3 = 삼
5 = 오
1 = 일

3. 23 = 이십삼
69 = 육십구
16 = 십육
38 = 삼십팔

4. **C** 2/3

5. **D** 월요일

6. **A** 십일월

7. **A** синий

8. 416 = 사백십육
812 = 팔백십이
321 = 삼백이십일

9. 540 = 오백사십
199 = 백구십구
704 = 칠백사

Глава 9

ПРАКТИЧЕСКАЯ СЕКЦИЯ
СТРАНИЦЫ В КЛЕТКУ
ДЛЯ ПРАКТИКИ

Глава 10

КАРТОЧКИ ДЛЯ ЗАПОМИНАНИЯ

СДЕЛАЙТЕ КОПИЮ ИЛИ ВЫРЕЖЬТЕ

ㅁ ㅂ ㅈ

ㄴ ㅁ ㅈ

ㅋ ㄹ ㅅ

ㄱ ㅌ ㅍ

DIGEUT

디귿

В НАЧАЛЕ СЛОГА
Как «д» в слове «ДВЕРЬ»
В КОНЦЕ СЛОГА
как «т» в слове «КОТ»

GIYEOK

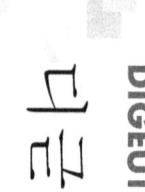

기역

В НАЧАЛЕ СЛОГА
Как «г» в слове «гора»
В КОНЦЕ СЛОГА
Как «к» в слове «ЗАМОК»

NIEUN

니은

В НАЧАЛЕ СЛОГА
Как «н» в слове «нет»
В КОНЦЕ СЛОГА
Как «н» в слове «ЗАГОН»

KIEUK

키읔

В НАЧАЛЕ СЛОГА
Как «к» в слове «КОШКА»
В КОНЦЕ СЛОГА
Как «к» в слове «КОШКА»

BIEUP

비읍

В НАЧАЛЕ СЛОГА
Как «б» в слове «боль»
В КОНЦЕ СЛОГА
Как «п» в слове «папа»

MIEUM

미음

В НАЧАЛЕ СЛОГА
Как «м» в слове «мама»
В КОНЦЕ СЛОГА
Как «м» в слове «гром»

RIEUL

리을

В НАЧАЛЕ СЛОГА
Как «р» в слове «роза»
В КОНЦЕ СЛОГА
Как «л» в слове «мел»

TIEUT

티읕

В НАЧАЛЕ СЛОГА
Как «т» в слове «ток»
В КОНЦЕ СЛОГА
Как «т» в слове «рот»

CHIEUT

치읓

В НАЧАЛЕ СЛОГА
Как «чч» в слове «чижж»
В КОНЦЕ СЛОГА
Как «т» в слове «КОТ»

JIEUT

지읒

В НАЧАЛЕ СЛОГА
Как «j» в англ. слове «juice»
В КОНЦЕ СЛОГА
Как «т» в слове «МОЛОТ»

SIOT

시옷

В НАЧАЛЕ СЛОГА
Как «с» в слове «снег»
В КОНЦЕ СЛОГА
Как «т» в слове «СВЕТ»

PIEUP

피읖

В НАЧАЛЕ СЛОГА
Как «п» в слове «шипца»
В КОНЦЕ СЛОГА
Как «п» в слове «окоп»

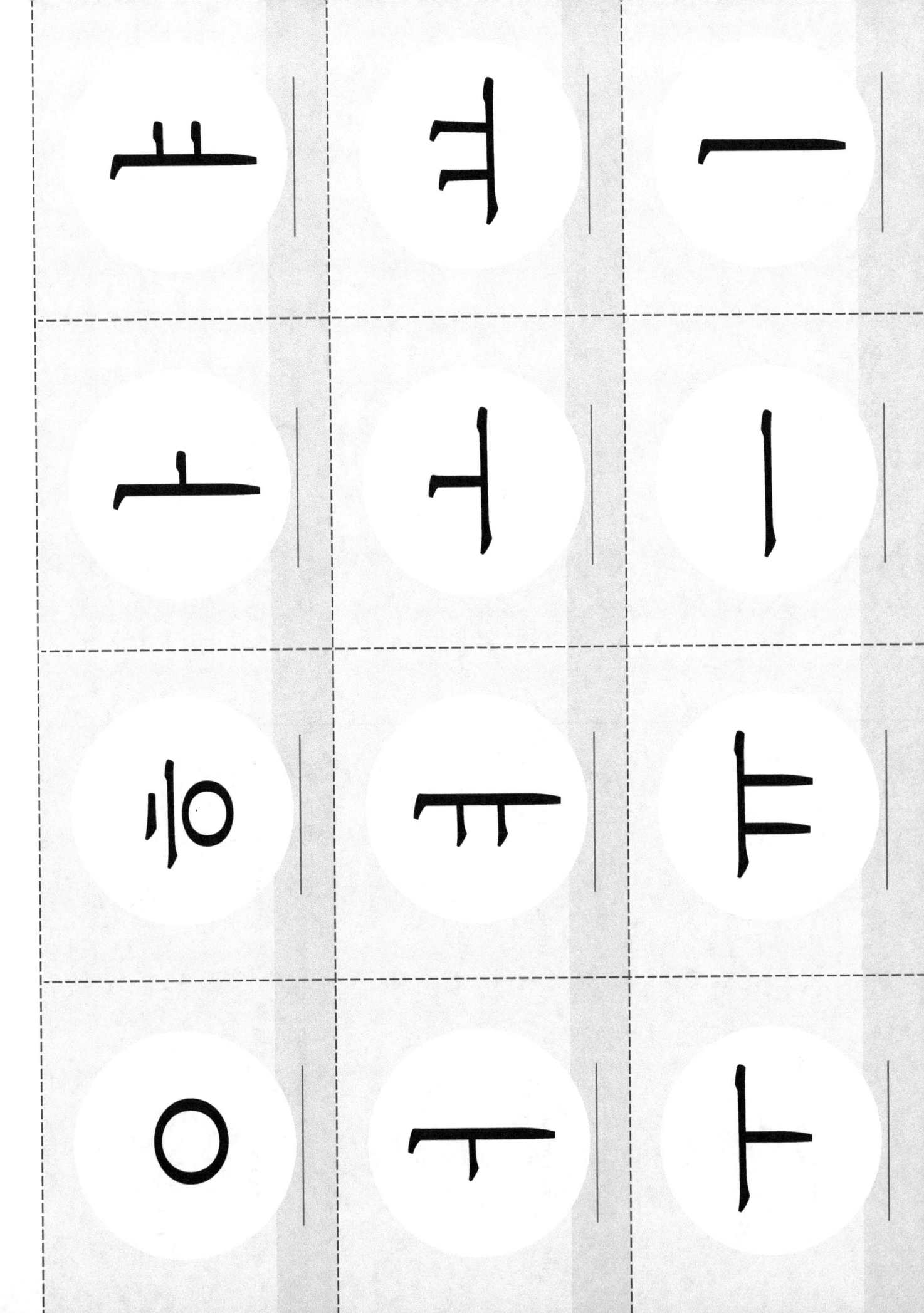

'YA'

Произносится как

как «я» в слове «яблоко»

То же, что и с «а», но с мягким звуком «у» впереди.

'YO'

Произносится как

Как «йо» в слове «йога»

HIEUT ㅎ/ㅌ

В НАЧАЛЕ СЛОГА
Как «х» в слове «холод»

В КОНЦЕ СЛОГА
как «т» в слове «рот»

'I'

Произносится как

как «и» в слове «низ»

Широкий рот, зубы близко друг к другу

'A'

Произносится как

как «а» в слове «брат»

'O'

Произносится как

как «о» в слове «рот»

Рог образует форму О, губы неподвижны.

'EU'

Произносится как

как «ы» в слове «сыр»

Произносится как русская «ы", но мягче

'YEO'

Произносится как

как "yu" в англ. слове "yum"

IEUNG ㅇ/ㅎ

В НАЧАЛЕ СЛОГА
Как "ng" в англ. слове "sing"

В КОНЦЕ СЛОГА
немой звук

'YU'

Произносится как

как «ю» в слове «юла»

'EO'

Произносится как

как "i" в англ. слове "bus"

'U'

Произносится как

как «у» в слове «мул»

ㅐ	ㅒ	ㅔ	ㅖ
외	와	왜	위
워	웨	의	ㄲ

КАК «Е» В СЛОВЕ «ЕЛЬ»
Точно так же, как ㅖ
со звуком «й» впереди

'YE'

КАК «ВИ» В СЛОВЕ «ВИНО»

'WI'

SSANG GIYEOK

쌍기역

ㄲ

КАК «К» В СЛОВЕ «СКАЛА»
произносится как ㄱ *(киёк),*
но звук напряжённее

КАК «Е» В СЛОВЕ «МЕЧ»
Очень похоже на ㅐ *, но звук длиннее.*

'E'

КАК «ВЭ» В СЛОВЕ «ВЭБ-САЙТ»

'WAE'

КАК В ОКОНЧАНИЯХ
ПРИЛАГАТЕЛЬНЫХ: «ЫЙ»
например, как «ый» в слове «горный»

'UI'

как 'yeh' в англ. 'yeah'
Точно так же, как ㅒ
со звуком «й» впереди

'YAE'

КАК «ВА» В СЛОВЕ «ВАТА»

'WA'

КАК «ВЕ» В СЛОВЕ «ВЕСНА»
По звучанию похоже на ㅚ

'WE'

КАК «Э» В СЛОВЕ «ЭТОТ»
По звучанию похоже на букву ㅔ

'AE'

как 'we' в англ. "wet"
Said 'oh-eh' as a single, smooth sound

'OE'

КАК «ВО» В СЛОВЕ «ВОЛК»

'WO'

ㅉ

ㅆ

ㅃ

ㄸ

음악
ㅁ

АССИМИЛЯЦИЯ
ㄹ

СЛОЖНЫЕ СОГЛАСНЫЕ
곁받침

УПРОЩЕНИЕ ЗВУКА
받침

INCREASING INTENSITY
집ㅆ

НОСОВЫЕ ЗВУКИ
ㅁ / ㅇ

ПАЛАТАЛИЗАЦИЯ
이 / 히

ПРИДЫХЕНИЕ
ㅎ

쌍 지읒

как «чъ» в слове «отчаяние»

Произносится как ㅈ (джисыл),

но звук напряжённее

РЕСИЛЛАБАЦИЯ

Если за подчимом идет слог, начинающийся с гласной, звук переносится

음 아 → 아 음 악

○ ㅇ не переносится,
ㅎ не произносится или слабый

УСИЛЕНИЕ

ㄱ ㄷ ㅂ ㅅ ㅈ перед 받침 удваиваются ㄲ ㄸ ㅃ ㅆ ㅉ

Конечный ㅎ только усиливает начальный ㅅ, превращая его в ㅆ

ㅈㅅ	ㅊㅈ	ㅂㅆ
꽂	젖지	잡찌

쌍 시읏

как «сс» в слове «ссора»

Произносится как ㅅ (сиот),

но звук напряжённее

Возникает двойной звук «л»

ㄴ+ㄹ > ㄹ+ㄹ
ㄹ+ㄴ > ㄹ+ㄹ

Однако....

ㄹ+ㄹ > ㄹ
Возникает одиночный звук «л»

ㄱ+ㄴ/ㅁ > ㄱ=ㅇ
ㅂ+ㄴ/ㅁ > ㅂ=ㅁ
ㄷ+ㄴ/ㅁ > ㄷ=ㄴ

примечание ㄱ+ㄹ > ㅇ=ㄴ

Когда 받침 находится рядом с носовыми звуками ㅁ или ㄴ

쌍 비읍

как «б» в слове «сбоку»

Произносится как ㅂ (биыл),

но звук напряжённее

Перед согласной:

ㄳ ㄵ ㄽ ㄾ > ПРОИЗНОСИТСЯ ПЕРВАЯ БУКВА
ㄶ ㅀ ㄻ
ㄺ ㄿ ㄼ > ПРОИЗНОСИТСЯ ВТОРАЯ БУКВА

Перед гласной:
РАЗДЕЛЕНИЕ - ПЕРЕНОС
- ПРОИЗНОСЯТСЯ ОБЕ

Существуют исключения

ПАЛАТАЛИЗАЦИЯ

ㄷ+이 > 지
ㅌ+이 > 치
ㄷ+히 > 치

При быстром произношении возникают новые звуки

쌍 디귿

как «д» в слове «где»

произносится как ㄷ (дигыт),

но звук напряжённее

ㄲ ㅋ > ㄱ
ㅌ ㅎ ㅅ ㅆ > ㄷ
ㅈ ㅊ
ㅍ > ㅂ

Меняется произношение в подчиме

ㄱ
ㅌ ㅎ или ㅎ+
ㅂ
ㅈ

создает придыхание ㅎ

ㄱ > ㅋ
ㄷ > ㅌ
ㅂ > ㅍ
ㅈ > ㅊ

감사합니다

(gam-sa-ham-ni-da)

Спасибо

Благодарим вас за выбор нашей книги!

Вы уже сделали первый шаг на пути к овладению навыков чтения, письма и говорения на корейском языке. Надеемся, что вам понравилось заниматься по нашему учебнику корейского алфавита для начинающих.

Если вам понравилось учиться с нами, мы будем рады услышать о ваших успехах в отзыве.

Мы всегда стремимся сделать наши учебные материалы ещё лучше для будущих студентов. Будем рады увидеть ваши отзывы и предложения. Если у вас возникли вопросы или трудности с материалом, вы всегда можете обратиться к нам по электронной почте:

hello@polyscholar.com

POLYSCHOLAR

www.polyscholar.com